Aux petits *maux* les nouveaux REMÈDES

Suzanne Catty, *aromathérapeute*
Jean Lacombe, *homéopathe*
Pascal Muzard, *kinésithérapeute*
Véronique Paré, *massothérapeute*
Francyne Poirier, *naturopathe*

QUÉBEC LOISIRS

Illustrations : Ronan Bonnette
Infographie : Cyclone Design Communications
Révision : Diane Baril

ÉDITION DU CLUB QUÉBEC LOISIRS INC.

Imprimé au Canada

Dépôt légal - Bibliothèque nationale du Québec, 2002
ISBN 2-89430-507-9
(publié précédemment sous ISBN 2-89568-042-6)

Table des matières

Introduction

À une époque où les derniers développements techniques nous inquiètent presque autant que les maux qu'ils sont censés combattre, il n'est pas étonnant que de plus en plus de gens se tournent vers des pratiques millénaires, héritage d'une sagesse ancestrale et d'un art de vivre oublié. L'intérêt grandissant du monde occidental pour les médecines douces témoigne de ce désir d'un retour aux sources, d'un rapprochement avec une nature trop souvent instrumentalisée. L'augmentation effarante des cas d'asthme et d'allergies, les problèmes environnementaux et le stress inhérent à un mode de vie trépidant, ne sont sans doute pas étrangers à notre prise de conscience collective. Face à des problèmes globaux, l'approche holistique – qui tient compte aussi bien du corps que de l'esprit du patient – proposée par les médecines douces est aujourd'hui d'une actualité évidente.

Même si ces traitements thérapeutiques ne sont toujours pas enseignés dans nos universités, utilisés dans nos hôpitaux ou remboursés par nos compagnies d'assurances, ils ont depuis longtemps acquis leurs lettres de noblesse dans la plupart des pays orientaux, où l'acupuncture, par exemple, côtoie bien souvent les plus récentes procédures médicales. Issues d'une tradition philosophique qui place l'individu au centre du processus de guérison et d'un savoir empirique corroboré par des siècles d'expérimentation, ces pratiques alternatives ne cherchent pas à se substituer aux traitements traditionnels et ne prétendent pas venir à bout des maladies graves ; elles répondent plutôt aux besoins d'une population soucieuse de sa santé, ouverte à l'utilisation de moyens naturels pour se soigner.

Malgré des exemples de réussites évidentes, les médecines douces auront toujours des détracteurs et des opposants. Néanmoins, les plus récentes recherches tendent à démontrer qu'elles ont bel et bien leur place dans le paysage médical actuel. Si vous êtes à la recherche d'une alternative fiable et peu coûteuse aux traitements de la médecine officielle, vous trouverez dans ce guide une foule d'informations utiles et pertinentes.

Comment consulter ce guide

Ce guide propose des solutions simples et efficaces à la plupart des petits maux de la vie de tous les jours. Pour faciliter sa consultation, nous avons réparti les maux les plus courants en cinq catégories : les maux du système respiratoire, les maux du système digestif, les maux musculaires et articulaires, les maux de l'ossature, les allergies et les autres petits maux courants. Vous trouverez sous chaque rubrique les commentaires et les conseils de nos cinq spécialistes des médecines douces qui vous expliqueront comment prévenir et traiter les symptômes les plus communs grâce à l'aromathérapie, à l'homéopathie, à la kinésithérapie, au massage thérapeutique et à la naturopathie. Consultez l'index à la fin du livre pour repérer rapidement un terme ou une expression. Nous vous rappelons que ce guide n'a pas pour but de remplacer les traitements de la médecine conventionnelle, c'est pourquoi nous vous encourageons fortement à consulter votre médecin si, après avoir appliqué l'une des solutions ici proposées, les symptômes du mal persistent.

L'éditeur s'est assuré que toutes les informations données dans cet ouvrage sont exactes et conformes aux normes médicales communément acceptées au moment de sa publication. Ce livre n'a pas pour objet de remplacer une consultation auprès de votre médecin, de votre thérapeute ou de tout autre professionnel de la santé. L'auteur et l'éditeur déclinent toute responsabilité dans les accidents ou dommages divers qui pourraient résulter, directement ou indirectement, de l'application des conseils et des préceptes contenus dans cet ouvrage.

Aromathérapie

L'aromathérapie est, en peu de mots, l'usage d'huiles essentielles de plantes pour accroître le bien-être et guérir corps, esprit et âme. Aujourd'hui devenue une forme moderne d'art de la guérison et une science, l'aromathérapie, pratique vieille de 5 000 ans, tire ses origines des traditions de l'alchimie égyptienne, indienne et européenne.

Les huiles essentielles employées à des fins thérapeutiques sont extraites par distillation à la vapeur et par pression à froid ; elles doivent être produites expressément pour la santé. La majorité des huiles essentielles sont produites pour être utilisées dans la nourriture, pour leurs saveurs et leurs arômes et dans l'industrie chimique ; elles ne sont pas appropriées aux usages thérapeutiques. D'autre part, de récentes recherches menées aux États-Unis et en Europe démontrent que les huiles essentielles produites à partir de cultures biologiques ou de plantes sauvages possèdent des propriétés de guérison accrues. À titre d'exemple, il a été démontré que l'usage de variétés non biologiques d'huiles de citron pouvait causer des problèmes de santé, alors que l'usage de variétés biologiques guérissait le corps.

Voici quelques indices de qualité à surveiller dans le choix des huiles :

1. Prix : Reflète-t-il la provenance, la rareté et le rendement de la distillation ?
2. Contenant : L'huile est-elle contenue dans une bouteille de verre brun ou bleu foncé pour la protéger des rayons UV ? La bouteille est-elle munie d'un compte-gouttes ?
3. Étiquetage : L'étiquette fournit-elle un grand nombre d'informations (nom commun de la plante, nom latin, partie de la plante dont l'huile est extraite et provenance de l'huile) ?

Les bonnes compagnies indiquent souvent si les huiles sont d'origine biologique, sauvage certifiée ou d'agriculture conventionnelle.

Gardez toujours vos produits d'aromathérapie dans un endroit frais, sec et sombre, hors de la portée des enfants.

Les huiles essentielles pures ont une longue durée de vie ; certaines, comme l'oliban ou le vétiver, s'améliorent en vieillissant. Les huiles pressées d'agrumes (pamplemousse, citron, orange, lime…) et les huiles de conifères (pin, sapin, épinette…) ont une durée de conservation de 2 ans à partir de la date de fabrication si elles sont rangées de façon adéquate. La majorité des autres huiles essentielles ont une durée de conservation de 5 ans ou plus. Vous devez toujours vous renseigner pour savoir si l'huile essentielle est diluée dans une huile végétale. Il arrive souvent que l'huile d'origan destinée à l'usage interne soit vendue diluée dans de l'huile d'olive ou de pépins de raisins parce que trop forte pour être ingérée pure ; cette huile devrait coûter moins cher.

Les huiles essentielles peuvent être employées de diverses façons. On les utilise généralement en applications externes ou en massages, mais elles peuvent tout aussi bien être utilisées, seules ou en combinaisons synergiques, dans le bain ou la douche, en inhalations, dans un sauna ou encore dans une baignoire à remous. On obtient aussi de merveilleux résultats lorsqu'on combine l'emploi d'huiles essentielles à des traitements de réflexologie, de shiatsu, de reiki et de plantes médicinales. Bien des huiles essentielles de haute qualité peuvent être prises de façon interne; elles se retrouvent d'ailleurs souvent dans la nourriture ou les boissons que nous consommons régulièrement. Pour un usage thérapeutique interne, les huiles peuvent être prises dans de l'eau ou mélangées à de l'huile d'olive, du miel ou du sirop d'érable. L'aromathérapie a aussi sa place dans la cuisine: puisqu'il existe un lien si étroit entre ce que l'on mange et notre santé, il est tout à fait sensé de rehausser nos plaisirs gustatifs avec des extraits de plantes employés en aromathérapie.

Il est important de se rappeler que de petites quantités d'huiles essentielles suffisent amplement car elles sont hautement concentrées: pour produire un seul litre d'huile, il faut distiller des centaines de livres de plantes. Pour cette raison, on dilue généralement les huiles avant de les appliquer. Les huiles devraient être diluées dans des huiles végétales de haute qualité, pressées à froid, ou dans des lotions non parfumées. Les huiles synthétiques ou minérales, par exemple l'huile pour bébé, ne devraient jamais être employées à des fins curatives. Les sels d'Epsom et les sels de mer sont appropriés pour le bain, mais il faut incorporer vos huiles aux sels plusieurs heures avant usage, afin de vous assurer que le sel aura émulsionné les huiles. On peut parfois utiliser des huiles essentielles non diluées en applications locales pour traiter des maux spécifiques. On utilise par exemple de l'huile de lavande ou de camomille romaine pure sur les brûlures. Certaines huiles comme l'origan ou le clou de girofle ne devraient toutefois jamais être appliquées pures sur la peau.

En résumé, l'aromathérapie est une façon hautement efficace de profiter des arômes et des propriétés curatives des plantes.

Lexique des produits fréquemment utilisés en aromathérapie

Basilic *(Occimum basilicum)*
huile extraite des feuilles de la plante issue de l'île de: Madagascar. Équilibre le système nerveux autonome, réduit le stress, facilite la digestion.

Laurier *(Laurus nobilis)*
huile extraite des feuilles de cette plante culinaire de France. Draineur lymphatique, antibactérien.

Épinette noire *(Picea mariana)*
huile extraite des aiguilles et des branches de cet arbre canadien. Régénère les glandes surrénales, effet cortisonique pour soulager la douleur, anti-inflammatoire et analgésique.

Cèdre *(Cedrus atlantica)*
huile extraite du bois de cœur du cèdre marocain. Tonique vasculaire, diurétique léger, soin des cheveux.

Camomille romaine
(Chamaemelum nobile)
huile extraite des fleurs de la camomille annuelle. Sédatif puissant, antispasmodique, anti-inflammatoire.

Camomille allemande
(Matricaria recutita) huile bleue extraite de la camomille vivace. Guérit plaies et brûlures, régénère les cellules cutanées, anti-inflammatoire.

Cannelle écorce
(Cinnamomum zeylanicum)
huile extraite de l'écorce externe de l'arbre. Antibactérien puissant, antiviral, antiparasite. Ne pas utiliser pure sur la peau, bien tolérée en cas d'usage interne.

Sauge sclarée *(Salvia sclarea)*
huile extraite des sommités fleuries. Relaxant, euphorique, équilibrant hormonal et oestrogénique. Éviter avec l'alcool.

Clou de girofle
(Eugenia caryophylla)
huile extraite des bourgeons de clou de girofle. Analgésique puissant, anti-infectieux, antiviral, antiparasite. Bien diluer avant usage.

Cyprès *(Cupressus sempervirens)*
extraite des aiguilles et des branches de l'arbre. Astringent, équilibrant des fluides, centreur énergétique.

Eucalyptus: menthe poivrée à feuilles étroites
(Eucalyptus radiata)
huile extraite des feuilles de l'arbre du sud-est de l'Australie. Antiviral, antibactérien, expectorant, sans danger pour les enfants.

Eucalyptus : bleu *(Eucalyptus globulus)* huile extraite des feuilles de cette plante. Antibactérien, rafraîchissant, expectorant et mucolytique.

Eucalyptus: citron *(Eucalyptus citriodora)* huile extraite des feuilles de cette plante. Anti-inflammatoire, analgésique, réchauffant.

Oliban *(Boswellia carterii)* huile extraite de la résine de l'arbre. Dilate les bronchioles, améliore la respiration, soigne la peau.

Géranium *(Pelargonium x asperum)* huile extraite des feuilles du géranium africain. Équilibrant, calmant, soigne la peau, antifongique léger.

Gingembre *(Zingiber officianale)* huile extraite des rhizomes de la plante. Digestif puissant, réchauffant, stimulant, aphrodisiaque.

Pamplemousse *(Citrus paradisii)* huile extraite par pression à froid de la pelure du fruit. Diurétique, combat la cellulite, draine le foie et la vésicule biliaire.

Hysope à decumbens *(Hyssopus off. Decumbens)* Variété unique d'huile d'hysope sans ketone, extraite des sommités fleuries. Spécialement indiquée pour l'asthme et les troubles respiratoires.

Hélicryse *(Helicrysum italicum)* huile extraite des sommités fleuries de cette plante originaire de Corse. Plus puissant anti-hématome connu, analgésique, anti-inflammatoire, stimulant du foie.

Genévrier *(Juniperus communis)* huile extraite des baies seulement. Diurétique, anti-rhumatismal, anti-catarrhe(coryza), expectorant.

Lavande *(Lavandula angustifolia)* huile extraite des sommités fleuries. Calmant, relaxant, guérit les plaies, sans danger.

Lavandin *(Lavandula x hybrida)* huile extraite des sommités fleuries de la lavande hybride. Draineur lymphatique, soin des plaies et de la peau.

Citron *(Citrus limomum)* huile extraite par pression à froid de la pelure. Stimulant du foie, clarifiant pour la peau, antiseptique.

Mandarine rouge *(Citrus reticulata)* huile extraite de la pelure du fruit passé mûr. Sédatif, antispasmodique, sans danger pour les enfants.

Niaouli *(Melaleuca quinquinervia)* huile extraite des feuilles de l'arbre d'Australie. Antiviral, antibactérien, antifongique, équilibrant hormonal, oestrogénique. Sans danger.

Origan *(Origanum vulgaris)*
huile extraite de la plante entière en floraison. Attention : très irritante ! Puissant agent anti-infectieux à large spectre pour utilisation à court terme en cas de pathologies spécifiques.

Palmarosa *(Cymbopogon martinii)*
huile extraite des feuilles de cette herbe tropicale. Excellent antiviral, antifongique, peut être employé sans restrictions. Sans danger pour les enfants.

Pin sylvestre *(Pinus sylvestris)*
huile extraite des aiguilles et des branches. Anti-inflammatoire, stimulant, tonique nervin, effet cortisonique pour soulager la douleur.

Ravensara *(Ravensara aromatica)*
huile extraite des feuilles de cette plante mytaceae de Madagascar. Anti-infectieux, antibactérien, antiviral, expectorant et sédatif. Sans danger pour les enfants.

Romarin *(Rosmarinus officinalis)*
huile extraite des pousses fraîches d'après floraison. Stimule cerveau et circulation, réparateur et tonique nervin. Employer le chémotype à verbenone pour une action mucolytique, contre l'asthme et pour soigner les plaies.

Camomille bleue
(Tanacetum annuum)
huile bleue extraite des sommités fleuries d'une plante du Maroc type camomille. Antispasmodique, antihistaminique, anti-démangeaison, analgésique, phlébotonique.

Thym *(Thymus vulgaris)*
huile extraite de la plante entière en fleurs. Le thym produit de nombreuses huiles avec des profils chimiques très différents selon l'endroit où il pousse. Le thym à linalol est antiseptique et doux; le thym à geraniol est antiviral et doux; le thym à thuyanol est modulant immunitaire, stimulant du foie et doux; le thym à thymol est un agent anti-infectieux à large spectre irritant et agressif.

Thé des bois
(Gaultheria fragrantissima)
huile extraite des feuilles de ce buisson montagnard. Puissant analgésique, antispasmodique, vasodilatateur, détoxifiant du foie.

Homéopathie

Science et art

L'HOMÉOPATHIE AU COURS DES SIÈCLES

Hippocrate, il y a plus de 2 500 ans, parlait déjà d'homéopathie (*Homeos*, pareil ; *pathos*, souffrance) : traiter par la loi des semblables.

C'est toutefois à un médecin allemand du XVIIIe siècle, Samuel Hahnemann, que nous devons la mise en place ordonnée du système que nous appliquons aujourd'hui.

À sa naissance, comme tout ce qui est nouveau, l'homéopathie fut très contestée. Cependant, les résultats du traitement homéopathique du choléra, lors des grandes épidémies du début du XIXe siècle, furent si extraordinaires que sa popularité devint presque instantanée. De très nombreux médecins de partout en Europe et aux États-Unis s'intéressèrent dès lors à l'homéopathie.

L'HOMÉOPATHIE AU QUÉBEC ET DANS LE MONDE

L'homéopathie est depuis plusieurs années très populaire au Québec. La première école d'homéopathie à ouvrir ses portes au Canada fut le Centre de techniques homéopathiques de Montréal, en 1996.

Au cours des dernières années, plusieurs dizaines de milliers de Québécois ont consulté un homéopathe et ont été à même de constater des résultats remarquables dans les cas d'allergies, d'otites, d'arthrose, de constipation, d'hypoglycémie, d'eczéma, de douleurs menstruelles, de maux de tête, d'hépatite, etc. Mais les résultats les plus bouleversants de l'homéopathie sont souvent obtenus dans le traitement des problèmes émotionnels ou mentaux tels que l'anxiété, les dépressions, les phobies, la nervosité, les pertes de mémoire ou les suites de frustration ou de colère.

Cette médecine naturelle et énergétique existe depuis plus de 200 ans. L'homéopathie est présentement enseignée et pratiquée dans plus de 40 pays dans le monde. Vous trouverez ainsi facilement un homéopathe en Angleterre (le médecin de la reine est homéopathe), en France (le président Mitterand était suivi par un homéopathe), en Inde (Ghandi se soignait par l'homéopathie), mais aussi au Mexique, au Brésil, aux États-Unis, en Italie, etc.

Les fondements de l'homéopathie

L'homéopathie est une remarquable médecine d'urgence, mais elle est également une spectaculaire médecine des états chroniques, en plus d'avoir des effets incomparables sur la condition émotionnelle et mentale des patients.

L'homéopathie est une médecine naturelle et énergétique fondée sur les principes suivants :

1. Comme l'acupuncture, elle s'appuie sur une conception énergétique de l'être humain.
2. La santé est une question d'équilibre et d'harmonie énergétique des dimensions physique, émotionnelle et spirituelle de l'être humain.
3. Guérir complètement n'est possible qu'à la condition de percevoir et de comprendre la cause de la maladie, que cette cause soit physique, émotionnelle ou spirituelle.
4. Les déséquilibres énergétiques entraînant la maladie peuvent être rectifiés par l'emploi d'une dose infiniment petite d'un remède « énergisé » prescrit selon la loi des semblables.

Note : Les remèdes homéopathiques sont en général « dilués » à partir de déconcentrations successives (1/100, 1/10 000, etc.). Ainsi, la mention 9CH sur un tube de produit homéopathique signifie que le remède a été dilué 9 fois au centième (C), de la façon hahnemannienne (H). Entre chaque dilution, on dynamise, on énergise les remèdes en les secouant.

Lexique des produits fréquemment utilisés en homéopathie

Aconit
Aconit napel, une plante herbacée

Aesculus
Marronnier d'Inde, un arbuste poussant en Asie

Agaricus
Amanite tue-mouche, un champignon caractérisé par son chapeau rouge orangé

Allium cepa
Oignon, souvent employé pour les allergies et les rhinites

Apis
Abeille, employée pour les allergies et les œdèmes

Arsenicum album
Anhydride arsénieux (arsenic), employé dans le traitement de nombreux problèmes

Belladona
Atropa belladona, plante soignant inflammations, congestions

Colchicum
Colchique, une plante herbacée poussant plus spécialement dans les endroits très humides d'Europe

Colubrina
Noix vomique, un des grands remèdes de l'homéopathie, spécialement de la sphère digestive

Complexes Reckeweg
Ils sont le produit d'un assemblage de différents remèdes homéopathiques.

Complexes Homéocan
Ils sont constitués de plusieurs remèdes homéopathiques soigneusement choisis pour leurs vertus curatives.

Cuprum
Le cuivre, souvent employé en homéopathie pour traiter les crampes

Euphrasia
« Casse-lunette », une petite plante ne dépassant pas 30 cm

Histaminum
Histamine, particulièrement employée pour traiter les allergies

Homéococcinum
Extrait de foie de canard de Barbarie, employé entre autres pour stimuler le système immunitaire

Ignatia
Fève de saint Ignace, arbuste originaire des Philippines

Ipeca
Ipéca, petit arbuste du sud du Brésil efficace dans de nombreux problèmes présentant des nausées

Kali bichromicum
Bichromate de potassium, minéral de couleur orange

Ledum
Lédon des marais, arbuste vert du nord de l'Europe

Lycopodium
Lycopode, plante herbacée, l'un des grands remèdes de l'homéopathie

Natrum muriaticum
Sel marin, l'un des plus importants remèdes de l'homéopathie

Rhus-toxicodendron
Sumac, arbrisseau poussant aux États-Unis et au Japon

Ruta
Rue, plante poussant en Europe méridionale

Urtica urens
Ortie brûlante, plante annuelle

Sulfur
Soufre, minéral se présentant souvent sous forme de poudre jaune citron

Stramonium
Stramoine, grande plante herbacée

Kinésithérapie

La kinésithérapie* regroupe un ensemble de techniques ayant pour but essentiel le traitement du mouvement. Ses moyens d'action sont multiples et variés : différentes formes de massage, mobilisations actives et passives, postures musculaires, levées de tension spécifiques, réharmonisation musculaire et réveil neuromusculaire, apprentissage d'exercices adaptés, conseils d'hygiène de vie, etc.

Par son rôle curatif, la kinésithérapie a pour tâche essentielle de lutter contre les désordres de l'appareil locomoteur. Elle joue aussi un rôle préventif non négligeable puisqu'elle permet d'éviter bien des « petits maux » qui pourraient, faute de traitement, évoluer vers des pathologies plus complexes, sources de complications coûteuses en temps et en argent.

Basé sur une évaluation individuelle de chaque patient, le traitement se déroule sur un nombre de séances établi suivant la problématique et son évolution.

* *Les champs de compétence du kinésithérapeute québécois sont différents de ceux du kinésithérapeute européen. Ainsi, certaines thérapies – celles touchant la pneumologie, entre autres – ne sont pas abordées en kinésithérapie au Québec. Certaines de ces techniques ne seront donc décrites qu'à titre informatif.*

Massothérapie

La massothérapie moderne est un art mais aussi une science puisque le thérapeute compétent doit, de par sa formation en anatomie et en physiologie humaine, connaître les bienfaits de ses actions sur le corps humain. Voilà pourquoi il est rassurant de consulter un massothérapeute diplômé.

Dans ce merveilleux monde des soins corporels, plusieurs techniques de massage sont offertes. Pour s'y retrouver, voyons un résumé des principales techniques :

Le massage suédois – Massage profond sur le plan musculo-squelettique, le massage suédois favorise un retour à la souplesse articulaire et musculaire et permet de stimuler la circulation sanguine périphérique. Cette méthode permet de travailler non seulement sur les douleurs locales mais aussi sur l'ensemble du corps puisque la philosophie du massage suédois est de considérer le corps dans sa totalité en tenant compte des causes possibles des douleurs.

Le massage californien – Technique relativement jeune, le massage californien est né au Centre Esalen, à Big Sur, en Californie, en 1970. Depuis, cette technique s'est développée et est enseignée professionnellement. Le massage californien s'apparente au massage Esalen et est composé de mouvements fluides, continus et enveloppants. Il procure détente et réconfort.

Le massage amma – *Amma*, parfois *anma*, est un mot japonais pour dire massage. Cette forme de massage est basée sur les principes de la présence chinoise, *anmo* (même si le mot *amma* est japonais), et possède 5 000 ans d'histoire. Une myriade de pressions, de percussions et d'étirements composent les manœuvres de amma. Ces manœuvres s'effectuent surtout avec les pouces, les doigts, la paume des mains, les avant-bras, les coudes et parfois même les genoux. Le professionnel en amma apprend l'art et la sagesse de ce massage traditionnel japonais.

Le massage aux pierres de basalte – Cette méthode stimule l'énergie, procure une sédation des tensions accumulées et favorise la régénération des tissus. C'est un massage qui relie un peu à la terre grâce aux pierres de basalte. La chaleur et le bruit des pierres qui s'entrechoquent pendant le massage procurent un bien-être et une connexion avec la nature. Les pierres de basalte sont un outil pour les massages suédois, californien et Esalen.

Naturopathie

Médecine de l'équilibre, la naturopathie existe en Occident depuis des millénaires. En fait, elle était déjà pratiquée au Ve siècle av. J.-C par le célèbre médecin grec Hippocrate. Le terme naturopathie, qui signifie « médecine naturelle », recouvre un ensemble de pratiques et de comportements visant à ce que le corps humain soit en harmonie avec son environnement. Il s'agit donc d'une médecine fondée sur une alimentation, une hygiène et un mode de vie sains qui tiennent compte des éléments (eau, air pur, minéraux, etc). La naturopathie sert de parapluie à plusieurs thérapies. Les naturopathes s'appuient en général sur les trois principes de base qui suivent :

- Le corps a la capacité de se guérir. Les traitements ne sont donc pas palliatifs ; ils servent plutôt à supporter les différents mécanismes de défense du corps.
- Les symptômes de la pathologie ne font pas partie de la pathologie mais plutôt du mode de défense de l'organisme.
- Les traitements s'adressent non seulement au corps physiologique mais aussi au corps émotif et au corps social.

Lexique des produits fréquemment utilisés en naturopathie

ActiVate *(Herba Santé)*
Amaigrissement et gain d'énergie.

Aloex *(Santrel)*
Soulagement des brûlures et régénération de la peau.

A-Mulsion liquide *(Genestra)*
Réparation des dommages causés par les radicaux libres.

Arthru extra *(Herba Santé)*
Diminution des douleurs par une action sur les tissus cartilagineux.

Astralgus combinaison #11 *(Genestra)*
Antimicrobien et anti-inflammatoire : renforce le système immunitaire.

Beurre de karité
Soulagement des brûlures.

Bilac *(Herba Santé)*
Action sur la digestion et la production de bile.

Bio Vita
Tisane thérapeutique : agit en douceur sur les symptômes de la bronchite, de la toux irritante du catarrhe bronchique et de la coqueluche.

Bronchix *(Clef des Champs)*
Action sur l'expectoration des sécrétions.

Calmherbe *(Souris verte)*
Diminution de l'hyperactivité et du stress.

Crème Griffe du diable *(Genestra)*
Anti-inflammatoire.

Crème Traumeel *(Heel)*
Anti-inflammatoire.

Digestherbe *(Souris verte)*
Soulagement des dérangements d'estomac et des nausées.

Échinacée Goldenseal plus *(Seroyal)*
Antibactérien, antiviral : stimule le système immunitaire.

Échinaplex *(Herba Santé)*
Stimulation du système immunitaire.

Execalm *(Herba Santé)*
Crème topique d'émeu : calme l'irritation de la peau.

Expectoherbe *(Souris verte)*
Dégagement des voies respiratoires et action sur l'expectoration des sécrétions.

Fibre action *(Herba Santé)*
Complexe de fibres et de plantes.

Flammasan *(Herba Santé)*
Anti-inflammatoire.

Fortex *(Herba Santé)*
Tonique reconstituant : renforce le système immunitaire.

Herbalev *(Herba Santé)*
Action dépurative.

Herbogesic *(Genestra)*
Analgésique.

HoméoChiro *(Herba Santé)*
Soulagement des douleurs dorsales.

Inula combinaison #1 *(Genestra)*
Complexe d'herbes expectorant, antimicrobien et anti-inflammatoire : réduit le mucus.

Myalaid *(Herba Santé)*
Soulagement des douleurs et amélioration du sommeil.

OSX Osteo Forte *(Genestra)*
Stimulation de l'absorption du calcium : agit sur la formation des os et des dents.

Otite Sinus #3 *(Pranarom)*
Anti-infectieux et anti-inflammatoire.

Passiflora plex *(Seroyal)*
Diminution de l'anxiété.

Pommade Cheliderme *(Seroyal)*
Antiverrues.

Pulmoherbe *(Souris verte)*
Assainissement du système respiratoire.

TLU complexe Pneumno *(Seroyal)*
Protection des poumons contre les toxines et stimulation du tractus respiratoire.

CHAPITRE 1

Maux du système respiratoire

Maux du système respiratoire

Sinusite

La sinusite est une inflammation ou une infection, aiguë ou chronique, d'une ou de plusieurs cavités sinusiennes. Elle se déclare généralement à la suite d'un rhume, d'une grippe, d'une angine ou de certaines allergies comme le rhume des foins. L'inflammation peut se développer très rapidement et causer de l'enflure. Celle-ci bloque l'orifice de drainage naturel du sinus et empêche les sécrétions de s'écouler librement. Une fois accumulées à l'intérieur, ces sécrétions stagnent et finissent par se transformer en pus. Il faut alors exercer une pression pour les évacuer. À noter que les enfants en bas âge ne peuvent souffrir de sinusite, car les sinus apparaissent progressivement vers l'âge de 10 ou 12 ans.

La personne atteinte d'une sinusite a fréquemment mal à la tête, souffre d'écoulement nasal purulent – souvent d'une seule narine – et ressent de la douleur au visage lorsqu'elle se penche vers l'avant. Les sécrétions ont l'apparence de glaires verdâtres épaisses.

AROMATHÉRAPIE

Mélange n° 1, à usage interne

Cannelle écorce	6 gouttes
Eucalyptus globulus	6 gouttes
Menthe poivrée	4 gouttes

Ajouter les huiles à 12 c. à thé de miel, bien mélanger. Prendre une cuillerée du mélange à chaque heure en laissant le temps au miel de fondre lentement dans la bouche. Répéter chaque jour jusqu'au rétablissement.

Mélange n° 2 pour inhalation

Eucalyptus globulus	5 gouttes
Thym à thymol (rouge)	3 gouttes
Palmarosa	7 gouttes
Romarin à verbénone	5 gouttes

Mettre 2 ou 3 gouttes du mélange dans un bol d'eau chaude et couvrir la tête et le bol avec un linge. Inhaler les vapeurs le plus

longtemps possible. Garder les yeux fermés pour éviter qu'ils ne s'irritent.

Ou

Mettre 1 goutte sur un mouchoir. Respirer lentement au travers du mouchoir en couvrant la bouche et le nez.

Aussi

Mettre une goutte sur l'oreiller ou dans un humidificateur près du lit.

Homéopathie

Le remède le plus souvent prescrit pour les sinusites est probablement *Kali bichromicum.* en dilution de 9CH. Cependant, comme les sinusites peuvent se manifester selon différentes caractéristiques et bien répondre à d'autres remèdes, je conseille souvent le complexe homéopathique *Sinuspax* qui les contient tous.

Massothérapie

Dans le cas d'une sinusite, l'intervention mécanique du thérapeute est minime mais soulage grandement. Dans sa formation professionnelle, le massothérapeute apprend la décongestion du nerf trijumeau. Cette technique de massage suédois consiste à stimuler des points précis du visage de la personne atteinte. De plus, il est indiqué d'ajouter une goutte d'huile essentielle d'eucalyptus à la crème (ou au gel) de massage. Attention, les personnes asthmatiques et les femmes enceintes ne devraient pas recourir à ce type de traitement.

Rhume et grippe

Le rhume est une inflammation généralisée des muqueuses nasales. Dans les cas de grippe, l'infection peut s'étendre à d'autres parties de l'organisme. On connaît aujourd'hui plus d'une centaine de virus pouvant causer le rhume ou la grippe. Transmis par la voie des airs (respiration, toux, éternuement) ou par contact direct (poignée de main), ces virus peuvent survivre quelques heures et parfois même plusieurs jours à l'air libre. La durée d'incubation de la maladie est de deux jours et la personne demeure contagieuse pendant environ six jours après l'apparition des premiers symptômes.

Les signes du rhume sont bien connus : nez bouché, maux de tête, gorge irritée, larmoiement, toux sèche ou grasse. Dans les cas de grippe, s'ajoutent de la fièvre et des douleurs musculaires et articulaires.

Comme le rhume et la grippe sont d'origine virale, on ne peut les attraper simplement en marchant sous la pluie ou en s'assoyant dans un courant d'air. Si la fréquence de ces infections est plus marquée durant la saison froide, c'est que les gens adoptent un mode de vie plus casanier et que la promiscuité favorise la contamination.

Aromathérapie

Rhume : Mélange n° 1, à usage externe

Palmarosa	20 gouttes
Eucalyptus radiata	10 gouttes
Pin blanc	10 gouttes
Thym à géraniol (blanc)	7 gouttes

Appliquer 10 gouttes du mélange aux pieds, au dos, à la poitrine et aux bras 3 fois pendant la journée. Le soir, prendre un bain chaud au sel de mer, puis appliquer le reste du mélange sur le corps avant d'aller se coucher.

Grippe : Mélange n° 2, à usage externe

Palmarosa	20 gouttes
Ravensara	10 gouttes
Eucalyptus citriodora	10 gouttes
Thym à thuyanol (blanc)	10 gouttes

Appliquer 5 gouttes du mélange aux pieds, au dos, à la poitrine et aux bras toutes les 2 heures pendant la journée

(environ 4 fois = 40 gouttes). Le soir, prendre un bain chaud au sel de mer, puis appliquer le reste du mélange sur le corps avant d'aller se coucher. Pour renforcer le traitement, inhaler de l'eucalyptus globulus 2 ou 3 fois par jour.

Homéopathie

Il est toujours plus facile de guérir ce qu'on a pu prévenir ! Un petit tube d'*Homeocoksinum* une fois par mois, d'octobre à avril, agit comme une véritable vaccination. Cependant, lorsque le rhume ou la grippe se manifestent, *Homeocoksinum* doit se prendre toutes les 6 heures.

Massothérapie

En cas de rhume ou de grippe (avec ou sans fièvre), il est contre-indiqué de recevoir un massage thérapeutique ou de détente. D'ailleurs, de façon générale, en cas de fièvre, s'abstenir de tout massage.

Voici pourtant des solutions possibles : toujours garder dans l'armoire à pharmacie un rubéfiant musculaire (pommade contenant le plus souvent des extraits d'eucalyptus, de camphre ou de menthol). Frictionner la plante des pieds avec une de ces pommades, puis enfiler une paire de bas de coton. Appliquer aussi la pommade dans le dos, à la hauteur des poumons ainsi que sur la partie haute de la poitrine et de la gorge.

Naturopathie

Voici le traitement proposé :

- *Echinaplex* de Herba Santé (teinture mère avec dilution homéopathique) : Teinture d'échinacée à prendre dès les premiers symptômes.
- Extrait de thymus (250 mg 3 fois par jour) : Renforce le système immunitaire.
- Vitamine C (forte dose pour les 3 premiers jours : 1 000 mg 5 fois par jour).
- Propolis d'abeille *Fortex* de Herba Santé (1 ampoule par jour pendant 12 jours).
- Pastille de zinc (15 mg toutes les 3 heures) : Stimule le système immunitaire afin de combattre le virus.
- Tisane : Jus de 1 citron mélangé à une égale partie d'eau bouillante, d'ail et de gingembre macérés.

Maux de gorge

Les maux de gorge sont bénins s'ils durent trois ou quatre jours et se guérissent d'eux-mêmes ; il s'agit alors d'une irritation passagère due à une inflammation des muqueuses. Toutefois, un mal de gorge peut aussi résulter d'une infection bactérienne au streptocoque, une maladie beaucoup plus grave nécessitant l'utilisation d'antibiotiques. À noter que la mononucléose, la varicelle et les oreillons sont également précédés de maux de gorge.

Les symptômes les plus courants sont une irritation des muqueuses accompagnée de rougeurs et d'enflure, une sensation de picotement et de brûlure, une dysphagie (difficulté à avaler), une sensibilité dans la région du cou.

Les maux de gorge peuvent être causés par une infection virale (rhume, grippe, etc.) ou par une infection bactérienne (streptocoque). L'abus d'exercice vocal, le contact de la fumée ou de polluants de même que diverses allergies peuvent aussi entraîner une irritation de la gorge.

AROMATHÉRAPIE

Remède à usage interne

Cyprès	1 goutte

Prendre par la bouche 1 goutte de cyprès seul ou dans 1/4 de c. à thé de miel. Répéter au besoin. Ne pas dépasser 12 gouttes par jour et éviter de manger des agrumes pendant le traitement.

HOMÉOPATHIE

Le remède le plus souvent prescrit lorsque le mal de gorge en est au stade préliminaire est *Belladona* en dilution de 9CH. Cependant, lorsque le mal est bien installé, il est intéressant d'avoir sous la main le complexe *Reckeweg 1* ou le *Voxpax*.

NATUROPATHIE

Voici le traitement proposé :

- Fenugrec (20 gouttes dans une tasse d'eau) : Gargariser 3 fois par jour.
- Tisane à la racine de guimauve : Aide à adoucir les muqueuses enflammées et réduit l'irritation.
- Pastille de zinc (15 mg 3 fois par jour) : Aide à alléger la douleur et stimule les fonctions immunitaires.
- Propolis d'abeille (*Fortex* de Herba Santé) : Renforce le système immunitaire et protège les muqueuses.
- Vitamine E : Antioxydant, aide à renforcer les tissus endommagés.
- Poudre de vitamine C : Diluer dans de l'eau et laisser dégoutter dans la gorge.
- Extrait de shitake, de reishi ou de maitake : Combat l'infection et renforce le système immunitaire en stimulant la production des lymphocytes T.
- Boire beaucoup de liquide (jus de fruits frais de préférence).

Maux du système respiratoire

Asthme

Depuis quelques années, on observe dans tous les pays industrialisés une augmentation des hospitalisations et des décès reliés à l'asthme. On estime qu'entre 100 et 150 millions de personnes souffrent d'asthme à travers le monde.

L'asthme est une inflammation aiguë ou chronique des muqueuses des voies bronchiques. Celles-ci deviennent hypersensibles et se rétrécissent rapidement lorsqu'elles sont irritées, ce qui a pour effet d'entraver la circulation de l'air dans les poumons.

Les symptômes de l'asthme sont nombreux : respiration sifflante, souffle court, sensation d'étouffement, toux sèche ou grasse, essoufflement et oppression thoracique. L'asthme peut apparaître et disparaître de façon imprévisible et, s'il persiste, il se manifeste sous forme de fortes crises entrecoupées de périodes de calme.

L'asthme peut être provoqué par un virus (on parle alors de bronchite asthmatique virale), par une hypersensibilité des bronches (ou asthme intrinsèque), par certains médicaments (comme l'aspirine et les anti-inflammatoires) ou par des allergies (pollens, pollution, moisissures, etc.). On sait par ailleurs que le stress et l'exercice physique peuvent aussi déclencher une crise d'asthme.

Aromathérapie

Mélange pour inhalation

Tanaisie annuelle	20 gouttes
Estragon	10 gouttes
Khella	15 gouttes
Hysope off. à decumbens*	10 gouttes
Camomille romaine	5 gouttes

Mettre une goutte du mélange dans la paume de la main, puis frotter vigoureusement les mains ensemble avant d'inhaler profondément pendant 30 secondes. Répéter au besoin. Pour maintenir les effets, le faire chaque matin et chaque soir.

En période de stress plus intense, prendre l'huile d'estragon (une goutte sous la langue).

* *Ne pas remplacer l'hysope à decumbens par une autre variété ; cette huile est spécifiquement indiquée pour l'asthme et vendue par de bonnes compagnies en aromathérapie. Il vaut mieux laisser tomber cet ingrédient si vous ne disposez pas de la bonne variété.*

Maux du système respiratoire

Homéopathie

Pour guérir l'asthme, il faut consulter un homéopathe. Cependant, lorsqu'il est uniquement question de traiter une crise ou une période d'inconfort, on a intérêt à connaître le complexe *Santaherba* reconnu pour donner de très bons résultats. Dans les crises d'asthme survenant la nuit vers 1 h ou 2 h, accompagnées d'anxiété et d'agitation, *Arsenicum album* 9CH offre le maximum de soulagement.

Kinésithérapie

Une maîtrise de la mobilité thoracique, après libération des différentes structures tissulaires (peau, muscles, articulations, fascia, etc.), sera entreprise. Les techniques feront appel au massage, aux levées de tension des muscles intéressés, à différents exercices d'assouplissement, au travail de ventilation dirigée et à une éducation respiratoire enseignée puis pratiquée régulièrement à domicile.

Naturopathie

Voici le traitement proposé :

- Huile de molène (1 c. à thé dans une tisane ou un jus de fruits) : Aide à ouvrir les bronches ; pendant une crise, l'effet est presque immédiat.
- Huile de lin (1 000 mg 2 fois par jour) : Aide à la production de la prostaglandine, un anti-inflammatoire.
- Multivitamines du complexe B (1 ou 2 fois par jour) : Stimulent le système immunitaire ; aident au traitement des allergies.
- Ginkgo biloba (80 mg 2 ou 3 fois par jour) : Possède des propriétés antiallergiques et antiasthmatiques qui ont pour effet de réduire l'inflammation des bronches.
- Il existe sur le marché plusieurs produits utiles en cas de crise d'asthme. Par exemple, *Clear Lungs* de Ridge Crest, *Pulmoherbe* de Souris verte, *Expectoherbe* de Souris verte.

Maux du système respiratoire

Bronchite

La bronchite, comme son nom l'indique, est une inflammation des bronches et parfois de la trachée. Il existe deux types de bronchites: la bronchite aiguë et la bronchite chronique. Plutôt bénigne, la bronchite aiguë ne dure que quelques semaines. Elle peut toutefois représenter un risque pour les personnes âgées ou souffrant de problèmes cardiaques. La bronchite chronique, pour sa part, est caractérisée par la production d'un excès de mucus dans les poumons, ce qui entrave la respiration. La toux qui l'accompagne généralement est un mécanisme naturel visant l'expulsion des corps étrangers.

Une toux sèche et douloureuse, des sécrétions jaunes, blanches ou vertes, de la fièvre, une oppression thoracique et une respiration pénible comptent parmi les symptômes de la bronchite aiguë. Dans le cas d'une bronchite chronique, la toux devient persistante.

Les infections virales (et parfois bactériennes) sont généralement la cause des bronchites aiguës. La fumée de cigarette, un air trop sec, la présence de poussière, la pollution industrielle ou une succession de bronchites aiguës peuvent entraîner la chronicité.

Aromathérapie

Mélange nº 1, à usage interne

Cannelle écorce	8 gouttes
Clou de girofle (bouton, fleur)	4 gouttes
Eucalyptus globulus	10 gouttes
Menthe poivrée	3 gouttes

Ajouter le mélange d'huiles à 12 c. à thé de miel, bien mélanger. Prendre une cuillerée du mélange à chaque heure en laissant le temps au miel de fondre lentement dans la bouche. Répéter chaque jour jusqu'au rétablissement.

Mélange nº 2, à usage externe

Eucalyptus radiata	15 gouttes
Cyprès	15 gouttes
Palmarosa	10 gouttes
Mélaleuque	15 gouttes
Niaouli	10 gouttes

Appliquer 15 gouttes aux pieds, à la poitrine, aux avant-bras et dans le cou de 4 à 6 fois pendant la journée. S'envelopper dans une couverture chaude et se reposer.

Mélange nº 3, à usage interne

Hydrolat d'eucalyptus radiata	2 c. à thé
Hydrolat d'inule	2 c. à thé

Ajouter à 1 l d'eau et tout boire au cours de la journée.

Homéopathie

De nombreux remèdes homéopathiques traitent efficacement les bronchites (*Aconit, Bryonia, Phosphorus...*); encore faut-il savoir distinguer les caractéristiques qui permettront de choisir l'un plutôt que l'autre. C'est pourquoi on utilise souvent en complémentarité les *Reckeweg 6* et *43* plusieurs fois par jour.

Kinésithérapie

Des techniques spécifiques d'expectoration dirigée seront enseignées au patient. Elles feront appel à certaines techniques de massage et de mobilisation particulières ayant pour but d'aider au décollement du mucus, à la mobilisation des sécrétions et à l'expectoration, ce qui permet un désencombrement bronchique efficace et non forcé. Un travail d'assouplissement et de détente du caisson thoracique sera entrepris en parallèle. Dans certains cas lourds, un entraînement à l'effort sera entrepris.

Naturopathie

Voici le traitement proposé:

- Prendre beaucoup de repos. Boire beaucoup de liquide.
- Vitamine A ou bêta-carotène (20 000 UI 2 fois par jour pendant 1 mois): Aide à protéger et à réparer les tissus.
- Coenzyme Q10 (60 mg par jour):
  Stimule la circulation et aide à la respiration.
- Vitamine C (3 000 mg à 6 000 mg par jour): Stimule le système immunitaire et diminue les taux d'histamine.
- Capsule d'ail Kyolic (3 fois par jour): Antibiotique naturel.
- Échinacée et verge d'or (75 mg 3 fois par jour):
  Cette combinaison combat les infections.
- *Astralgus* combinaison nº 11 de Genestra: Antimicrobien, supporte le système immunitaire, anti-inflammatoire.

Syndrome d'apnée du sommeil

Le syndrome d'apnée du sommeil est caractérisé par des arrêts respiratoires (apnée) de durée et de fréquence anormales. Ces arrêts respiratoires sont liés à la fermeture ou au rétrécissement anormal du pharynx durant le sommeil. S'ils sont fréquents et prolongés, ils provoquent une diminution du taux d'oxygène dans le sang, une augmentation du rythme cardiaque et une série de « micro-éveils ». On distingue deux types d'apnées : l'apnée obstructive (la plus fréquente) et l'apnée centrale. Si les femmes sont relativement épargnées par ce syndrome avant la ménopause, elles en souffrent tout autant que les hommes une fois ménopausées.

Les personnes qui souffrent d'apnée du sommeil ont tendance à s'endormir de façon anormale durant le jour (au bureau, à la maison, durant des périodes d'inactivité, au volant, etc.). Généralement, elles ronflent durant la nuit et souffrent d'un sommeil agité et de céphalées fréquentes. L'apnée du sommeil peut aussi provoquer de l'hypertension, un gain de poids et une augmentation du périmètre du cou.

Les causes de l'apnée obstructive peuvent être diverses. Il peut s'agir, par exemple, d'une anomalie oto-rhino-laryngologique. Dans ce cas, un examen médical permettra de la détecter. Pour ce qui est de l'apnée centrale, on doit en chercher la cause dans un mauvais fonctionnement du système nerveux central (centre des commandes respiratoires).

Aromathérapie

Mélange pour inhalation

Mandarine rouge	2 gouttes
Ravensara	1 goutte

Mettre le mélange dans la paume, puis frotter vigoureusement les mains ensemble avant d'inhaler profondément et très lentement pendant 3 à 5 respirations. Cela détend le système nerveux, calme le corps et dégage les voies respiratoires. Quatre gouttes de chacune de ces deux huiles dans l'eau du bain avant le coucher peuvent aussi produire l'effet souhaité.

Homéopathie

Pour un tel syndrome, il est préférable de consulter un homéopathe, qui choisira le remède à prescrire en fonction des signes caractéristiques et de la cause probable de l'apnée (mauvaise réaction à une vaccination…).

Kinésithérapie

Dans certains cas, un travail de libération thoracique sera proposé. Par des levées des tensions de certains muscles et des manœuvres de massage diminuant la tension et facilitant la détente, un certain équilibre dans la mécanique respiratoire pourra être retrouvé.

Massothérapie

Tout ce que le massothérapeute est en mesure d'offrir aux gens souffrant de ce syndrome est un bon massage de détente. Les techniques suivantes seront particulièrement efficaces.

1. Le massage californien: Technique relativement jeune (début des années 1970), le massage californien se pratique avec de l'huile et est composé de mouvements fluides, continus et surtout enveloppants. Il procure détente, bien-être et réconfort. La richesse des manœuvres du massage californien invite à l'abandon et à une détente totale.
2. La réflexologie: Cette méthode aide à améliorer les divers désordres de santé. La réflexologie s'exerce par voie de massage et de pressions sur les pieds et les mains.
3. Un enveloppement à l'avoine préparé par l'hydrothérapeute ou un bain à l'avoine à la maison ou en centre de santé: L'avoine est reconnue pour ses vertus de régulateur du système nerveux. Un enveloppement chaud à l'avoine du corps au complet procurera une détente optimale, surtout s'il est suivi d'un massage californien.

Naturopathie

Voici le traitement proposé:

- Éviter de manger dans les deux heures précédant le coucher. Éviter l'alcool avant le coucher. Éviter toute nourriture riche en sodium. Plus le taux de sodium est élevé, plus le taux de potassium est bas; or, l'apnée du sommeil est associée à une carence en potassium.
- Calcium et magnésium: Une capsule avant le coucher calme le système nerveux central.
- Si l'apnée est associée à une mauvaise digestion, prendre une enzyme digestive avec chaque repas.
- Dormir sur le côté plutôt que sur le dos.

Rhinite

La rhinite est caractérisée par l'inflammation aiguë ou chronique de la muqueuse nasale. Elle perturbe la ventilation, le sommeil, l'odorat et le goût. La rhinite allergique est due à une réaction immunitaire pathologique face à un agent par ailleurs inoffensif: en libérant inutilement de l'histamine, le système immunitaire provoque l'inflammation des muqueuses nasales.

En plus de la rhinite allergique (allergies saisonnières), on distingue la rhinite perannuelle (associée à des allergènes domestiques), la rhinite vasomotrice et la rhinite atrophique (qui affecte surtout les personnes âgées). On sait également que 70 % des personnes souffrant d'asthme présentent une rhinite allergique associée.

Les symptômes de la rhinite allergique sont nombreux : obstruction et écoulements nasaux, crises d'éternuement, picotements des yeux et maux de tête. À noter que tous ces symptômes peuvent apparaître en dehors de la présence de l'allergène, puisque certaines allergies entraînent une hypersensibilité des muqueuses. Un changement climatique, une odeur forte ou la fumée de cigarette suffisent parfois à déclencher la réaction allergique.

Les principaux antigènes responsables de la rhinite allergique et perannuelle sont les antigènes saisonniers (pollens d'arbres, d'herbe à poux, de graminées ou de foins et certaines moisissures saisonnières) et les antigènes permanents (pellicules d'animaux à poils, mites de poussière et certaines moisissures d'intérieur). Les rhinites non allergiques peuvent être causées par la présence de polypes dans les sinus maxillaires.

Aromathérapie

Mélange nº 1, gouttes pour le nez

Eucalyptus citriodora	10 gouttes
Eucalyptus globulus	20 gouttes
Cèdre (bois)	10 gouttes
Pin sylvestre	5 gouttes
Menthe poivrée	5 gouttes

Ajouter le mélange à 30 ml (2 c. à table) d'huile d'olive dans une bouteille avec compte-gouttes. Bien remuer avant chaque utilisation. Mettre 2 ou 3 gouttes dans chaque narine 3 à 5 fois par jour.

Mélange nº 2, à usage externe

Lavandin	10 gouttes
Menthe poivrée	10 gouttes
Eucalyptus radiata	15 gouttes

Appliquer 3 ou 4 gouttes sur le visage dans la région des sinus 3 ou 4 fois par jour. Le mélange peut être appliqué dans de l'huile d'olive ou de la lotion s'il semble avoir trop d'effets sur la peau.

HOMÉOPATHIE

Allium cepa 9CH est souvent prescrit pour les débuts de rhumes caractérisés par des écoulements liquides du nez. On comprend mieux lorsqu'on sait qu'« allium cepa » est le nom latin de l'oignon ! Les rhinites pouvant être dues à d'autres causes que le début d'un rhume, il faudra aussi considérer *Sinuspax* pour compléter le traitement.

NATUROPATHIE

Voici le traitement proposé :

- Aux premiers signes, arrêter toute consommation de produits laitiers.
- Refaire la flore intestinale avec de l'acidophilus.
- Extrait de thymus : Stimule le système immunitaire et les fonctions glandulaires.
- Manganèse-cuivre – oligoélément (1 ampoule par jour) : Travaille dans les membranes cellulaires.
- Cataplasme de racine de gingembre appliqué sur les sinus : Aide à stimuler la circulation et les écoulements.
- Huile de lin (100 mg 2 fois par jour) : Réduit l'inflammation et la douleur.
- Ail Kyolic (2 capsules 3 fois par jour) : Antibiotique naturel.
- Inhalation de vapeur d'ail : Cuire 2 grosses gousses d'ail. Placer le visage au-dessus de la vapeur et inspirer profondément.
- *Complexe nº 3 Sinus Otit* de Pranarom.

Maux du système respiratoire

Laryngite

La laryngite est une inflammation du larynx (organe de la voix abritant les cordes vocales) qui provoque un rétrécissement du passage de l'air et une modification de la voix, voire une aphonie complète. Qu'il s'agisse d'un simple enrouement ou d'une irritation passagère, la maladie dure rarement plus d'une semaine, même si elle est accompagnée d'une infection plus grave comme une bronchite ou une angine. À noter que la laryngite peut gêner la respiration et dégénérer en croup chez les jeunes enfants, une complication grave qui doit être soignée immédiatement.

Les symptômes de la laryngite sont facilement identifiables. Ils consistent en un enrouement souvent associé à une petite toux sèche, à des maux de gorge et à une légère fièvre. Dans les cas plus graves, l'aphonie peut être complète.

La laryngite est généralement causée par une infection virale ou bactérienne. Mais il arrive qu'un coup de froid ou de violents efforts de voix suffisent à endommager le larynx et à provoquer ces mêmes symptômes. Des états infectieux voisins (du nez ou des bronches) peuvent également avoir un effet sur le larynx.

Aromathérapie

Mélange à usage interne

Cyprès	10 gouttes
Camomille allemande	5 gouttes
Clou de girofle	1 goutte

Ajouter les huiles à 12 c. à thé de miel, bien mélanger. Prendre une cuillerée toutes les heures et laisser le mélange se dissoudre dans la bouche. Répéter au besoin.

Homéopathie

Il est conseillé de prendre en alternance, 4 à 6 fois par jour, le complexe *Reckeweg 1* ainsi que le complexe *L 39* d'Homeocan, à raison de 10 gouttes chacun. Si l'action simultanée de ces deux produits n'arrive pas à guérir la laryngite, elle en soulagera à tout le moins les douleurs. Quand on est enroué ou qu'on souffre d'extinction de voix, on doit prendre aussi *Voxpax*.

NATUROPATHIE

Voici le traitement proposé :

- Fenugrec (20 gouttes dans une tasse d'eau) : Gargariser 3 fois par jour.
- Tisane à la racine de guimauve : Aide à adoucir les muqueuses enflammées et adoucit l'irritation.
- Pastille de zinc (15 mg 3 fois par jour) : Aide à alléger la douleur et stimule les fonctions immunitaires.
- *Fortex* de Herba Santé : Propolis d'abeille, renforce le système immunitaire et protège les muqueuses.
- Vitamine E : Antioxydant, aide à renforcer les tissus endommagés.
- Poudre de vitamine C : Diluer dans de l'eau et laisser dégoutter dans la gorge.
- Extrait de shitake, de reishi ou de maitake : Combat l'infection et renforce le système immunitaire en stimulant la production des lymphocytes T.
- Boire beaucoup de liquide (jus de fruits frais de préférence).

CHAPITRE 2

Maux du système digestif

Maux du système digestif

Indigestion et brûlures d'estomac

Les troubles de la digestion sont malheureusement fort répandus. Année après année, les antiacides figurent au sommet de la liste des médicaments les plus vendus. En fait, tout le monde a souffert un jour d'indigestion (ou dyspepsie). Contrairement à ce qu'on pourrait penser, la plupart des gens souffrent alors d'un manque d'acide chlorhydrique ou d'enzymes digestives ; les aliments demeurent donc dans l'estomac, qui ne parvient plus à les digérer, et ils fermentent. En plus d'être inconfortable, cette situation est dangereuse pour la santé. L'organisme ne parvenant plus à assimiler les aliments, il devient dès lors inutile de prendre des compléments alimentaires qui ne seront pas digérés.

L'indigestion est caractérisée par une sensation de douleur et de brûlure dans le haut de l'abdomen, souvent accompagnée de nausées, de gonflements, de renvois et parfois de vomissements. Quant aux brûlures d'estomac, elles sont causées par un reflux des sucs gastriques dans la gorge et se caractérisent par une sensation de brûlure au centre de la poitrine qui s'aggrave en position couchée. Les symptômes apparaissent habituellement après les repas, mais ils peuvent aussi se manifester dès les premières bouchées.

L'indigestion peut être causée par un ulcère ou par une maladie, mais la plupart du temps elle résulte du fait de manger trop et trop vite des nourritures grasses et épicées. Il semble que le stress joue également un rôle dans la mauvaise digestion des aliments. De plus, les gros fumeurs et les gros buveurs risquent davantage de souffrir d'indigestion. Il faut également se méfier des médicaments qui peuvent irriter les parois de l'estomac. Soulignons enfin qu'une faiblesse de la valvule œsophagienne peut aussi causer des renvois aigres.

Aromathérapie

Mélange à usage interne ou externe

Basilic	1 goutte
Orange douce	3 gouttes
Menthe poivrée	1 goutte

Ajouter les huiles à un demi-verre d'eau à la température de la pièce et boire à petites gorgées ou mélanger ces huiles à 1 c. à thé d'huile grasse ou de lotion et frotter l'abdomen dans le sens horaire.

HOMÉOPATHIE

Lorsque l'indigestion et les brûlures d'estomac sont dues à un empoisonnement alimentaire (type *tourista*), il faut avoir sous la main *Arsenicum album* 9CH qu'on prendra aux 15 minutes jusqu'à ce que les symptômes s'atténuent. L'action de ce remède aidera de plus à mettre fin aux diarrhées qui accompagnent souvent ce type de problème et rétablira rapidement l'énergie.

NATUROPATHIE

Voici le traitement proposé :

- Aloès (1/4 tasse 2 fois par jour, avant de manger) : Réduit le taux d'acidité et les brûlures d'estomac.
- Tisane de menthe, de camomille et de verge d'or (prendre après chaque repas).
- Enzymes digestives (prendre 1 ou 2 capsules pendant chaque repas) : Aident à la digestion et à l'absorption des nutriments.
- Argile verte (mélanger 1 c. à thé dans un verre d'eau de source. Laisser reposer et boire seulement le liquide) : Aide à neutraliser l'acidité de l'estomac.
- *Bilac D.A.* de Herba Santé (1 à 3 comprimés par jour) : Très efficace pour améliorer la digestion et augmenter la sécrétion biliaire.

Maux du système digestif

Flatulences

Pendant la digestion, notre système digestif fragmente les aliments en petites unités afin de les intégrer dans le flot sanguin. Les protéines doivent être transformées en acides aminés, les gras, en acides gras, et ainsi de suite. Lorsque la digestion est inadéquate, les aliments entrent dans le gros intestin sans être correctement modifiés. Les milliards de bactéries qui constituent la flore intestinale s'attaquent alors avec plaisir à ces aliments et, durant ce processus, elles produisent différents gaz comme le méthane, l'hydrogène et le sulfate d'hydrogène (ce dernier est responsable des mauvaises odeurs associées aux flatulences). Si, souvent, ce genre de problème n'est que gênant, il peut aussi cacher des troubles plus graves, comme une infection du système digestif ou une intolérance au lactose.

Les personnes souffrant de flatulences présentent toujours les mêmes symptômes: douleurs dans la région abdominale, sensation pénible de gonflements et fréquent besoin d'éructer et de faire des vents.

Généralement, leur problème est dû au fait qu'elles sont nerveuses, qu'elles avalent trop d'air en mangeant, boivent trop de boissons sucrées, mâchent trop de gomme et consomment des aliments riches en fibres ou trop épicés.

Aromathérapie

Mélange à usage interne

Basilic	1 goutte
Fenouil	2 gouttes
Orange douce	3 gouttes

Ajouter les huiles à un verre d'eau chaude et boire à petites gorgées ou mélanger ces huiles à 1 c. à thé d'huile grasse ou de lotion et frotter l'abdomen dans le sens horaire.

Homéopathie

Lycopodium 9CH est un excellent remède pour les flatulences, spécialement chez les gens qui mangent beaucoup de sucre et sont sujets aux ballonnements abdominaux. Il est recommandé de le prendre avec le complexe *L 114* d'Homeocan

pour obtenir de meilleurs résultats ainsi qu'une désintoxication du foie. Le *L 114* se prend à raison de 20 gouttes par jour, 20 minutes avant les repas.

Massothérapie

En cas de maux de ventre ou de flatulences, le massage du ventre (communément appelé « ventral ») est tout à fait indiqué. Le thérapeute qualifié utilisera l'huile essentielle appropriée au problème. Dans un environnement calme et relaxant, le ventral pourra être précédé de techniques de respiration.

Naturopathie

Diminuer la consommation de brocoli, de tous les choux, de concombre, de piments vert et rouge, et de légumineuses. Attention aux produits laitiers s'il y a intolérance au lactose.

Voici le traitement proposé :

- Tisane d'anis après les repas.
- *Papain plus* de Genestra (2 capsules par jour avec chaque repas) : Contient de la pancréatine et de la broméline, des enzymes qui facilitent la digestion et qui ont un effet anti-inflammatoire.
- Charbon végétal : Aide à l'élimination des ballonnements et des flatulences. Ne pas prendre plus d'une semaine à la fois.

Maux du système digestif

Nausées et vomissements

Les nausées et les vomissements sont associés à divers maux, comme la grippe, la migraine et certaines autres affections. On sait aussi que près de 80 % des femmes enceintes souffrent de nausées durant les premiers mois de leur grossesse. Ce problème peut également survenir à la suite d'une émotion forte ou perturbante ; des facteurs d'ordre psychologique peuvent donc jouer un rôle important dans la manifestation de ce trouble digestif. Dans la majorité des cas, il s'agit d'un simple embarras gastrique : le contenu de l'estomac est alors violemment expulsé par la bouche à la suite de contractions musculaires involontaires.

La nausée peut se manifester sous la forme d'un malaise général accompagné d'une envie de vomir, mais qui n'est pas toujours suivi de vomissements. Sous sa forme plus aiguë, l'envie de vomir devient impérieuse et les vomissements peuvent s'avérer violents ; ils sont généralement précédés d'une soudaine bouffée de chaleur et de sueurs froides.

Les nausées et les vomissements peuvent aussi être dus à l'absorption d'aliments impropres à la consommation ou susceptibles d'entraîner une réaction allergique. L'appendicite, le diabète (s'il n'est pas diagnostiqué) ou l'hépatite peuvent également perturber le fonctionnement gastrique. Enfin, ces malaises peuvent se manifester à la suite de troubles nerveux ou sensoriels, par exemple le mal des transports ou les sensations de déséquilibre ou de vertige.

Aromathérapie

Mal de transport : Remède n° 1, à usage interne

Gingembre	1 goutte

Mettre la goutte sur un cube de sucre et laisser fondre lentement dans la bouche. Si le gingembre déplaît, utiliser la menthe poivrée. À noter : La marine américaine utilise aujourd'hui le gingembre pour le mal de mer.

Cause bactérienne ou infectieuse :
Remède n° 2, à usage interne

Cannelle écorce	1 goutte

Mettre une goutte sur la main et lécher ou une goutte dans 1 c. à thé d'eau et avaler. Répéter aux 15 minutes 4 fois, puis 1 fois par heure jusqu'à ce que les symptômes disparaissent.

Pendant la grossesse : Mélange à usage interne

Hydrolat de mélisse	250 ml
Hydrolat de cannelle	100 ml
Hydrolat de néroli	100 ml

Ajouter 2 c. à table du mélange d'hydrolas à un grand verre d'eau et boire à petites gorgées.

Homéopathie

Les nausées et les vomissements peuvent avoir plusieurs causes. Mais la combinaison *Ipeca* 9CH, 3 granules 3 fois par jour, et 10 gouttes, 3 fois par jour, du complexe *L 49* aura toutes les chances de faire cesser ces symptômes. S'ils persistent plus de 24 heures, il est important de consulter un homéopathe.

Massothérapie

Si les nausées sont d'origine nerveuse, il est tout à fait indiqué de recevoir des traitements de détente. Le thérapeute prendra soin d'incliner sa table de massage de façon que la tête du patient soit plus haute que ses jambes.

Naturopathie

Boire beaucoup de liquide. Éviter les gras.

Voici ce que propose la naturopathie :

- Tisanes de racine de réglisse 3 fois par jour.
- Propolis d'abeille (1 ampoule par jour) :
  Stimule les fonctions immunitaires.
- Probiotique : Aide à refaire la flore intestinale.
- Remplir à moitié une bouteille d'eau chaude et la placer sur le ventre.

Maux du système digestif

Diarrhée

Même si la diarrhée est un symptôme plutôt qu'une maladie en soi, elle peut s'avérer très désagréable, voire dangereuse et affecter les personnes de tous âges. Ce trouble intestinal est caractérisé par l'évacuation fréquente de selles molles ou liquides et est dû à une absorption excessive de l'eau par l'intestin. La diarrhée peut être chronique (plus de deux semaines), intermittente (suivie ou précédée d'une période de constipation) ou encore aiguë (moins de deux semaines). Elle est généralement accompagnée de crampes abdominales et d'un besoin irrépressible d'aller à la selle.

Parmi les nombreuses causes de la diarrhée, signalons les intoxications alimentaires (les symptômes se manifestent alors quelques heures après les repas), la surconsommation de café, l'anxiété, les réactions à certains médicaments ainsi que les allergies et les intolérances alimentaires. Bien entendu, les grands voyageurs connaissent bien les risques d'attraper la diarrhée à l'étranger s'ils boivent de l'eau ou consomment des aliments contaminés par des bactéries auxquelles ils ne sont pas encore habitués.

La diarrhée ne doit pas être négligée car elle peut entraîner rapidement de la déshydratation, particulièrement chez les enfants et les personnes âgées.

Aromathérapie

Remède à usage interne

Cannelle écorce 1 goutte

Mettre une goutte sur la main et lécher ou une goutte dans 1 c. à thé d'eau et avaler. Répéter toutes les 15 minutes 4 fois, puis 1 fois par heure jusqu'à ce que les symptômes disparaissent. Manger du riz bien cuit aidera aussi à enrayer la diarrhée, si elle persiste au-delà d'une semaine.

HOMÉOPATHIE

D'excellents résultats sont obtenus par l'utilisation en alternance des complexes *Reckeweg 4* et *L 96* d'Homeocan. Le traitement consiste à prendre 10 gouttes de chacun, en alternance, 6 fois par jour. Par exemple, le *R 4* avant chaque repas; le *L 96* 3 heures après chaque repas. L'ensemble des remèdes contenus dans ces deux complexes soulagera rapidement les symptômes.

NATUROPATHIE

Voici le traitement proposé:

- Capsule de charbon végétal: Absorbe et élimine les toxines de l'intestin.
- *Bio K* (1/2 portion le 1er jour; 1 ou 2 portions les jours suivants).
- Mélange électrolyte (1/2 c. à thé de sel, 1 c. à thé de levure chimique, 4 c. à thé de sucre dans un litre d'eau de source): Boire afin d'éviter la déshydratation.
- Eau de riz (faire cuire 1/2 tasse de riz dans 2 ou 3 tasses d'eau)
- Ail Kyolic (2 ou 3 capsules par jour): Aide à éliminer les bactéries ou les parasites intestinaux.
- Acidophilus, pour remplacer les bonnes bactéries perdues.

Maux du système digestif

Constipation

Même si la définition de la constipation peut varier d'un individu à l'autre, on s'entend pour dire qu'une personne est constipée si elle va à la selle moins de trois fois par semaine et que ses selles sont plus dures que la normale. Par conséquent, leur évacuation s'avère souvent difficile et douloureuse. Plusieurs croient souffrir de constipation parce qu'ils ne vont pas à la selle tous les jours. Rien n'est plus faux ; il est normal d'y aller entre trois fois par jour et trois fois par semaine. On rapporte que les femmes, les enfants et les adultes de plus de soixante-cinq ans sont plus susceptibles de connaître des périodes de constipation.

Il y a constipation si l'intervalle entre chaque évacuation des selles est anormalement long (trois jours chez un adulte et quatre jours chez un enfant), si leur évacuation est difficile et douloureuse, et si les selles sont dures et compactes. Ces symptômes peuvent être accompagnés d'une sensation pénible de gonflement, de malaise et d'apathie.

La constipation se produit lorsqu'une quantité d'eau insuffisante est absorbée par l'intestin. Cela peut être dû à une alimentation pauvre en fibres et en liquides, à un manque d'exercice physique ou au stress. On observe également que les femmes enceintes sont souvent constipées. À noter finalement que la prise de certains médicaments comme les antihistaminiques ainsi que des intestins paresseux peuvent favoriser la constipation.

Aromathérapie

Mélange à usage interne

Hydrolat de mélisse	30 ml
Hydrolat de gingembre	30 ml

Ajouter les hydrolats à un litre d'eau et boire pendant la journée. Répéter si nécessaire.

Homéopathie

La majorité des constipations céderont à la prise en alternance de *Lycopodium* 9CH et de *Colubrina* 9CH (3 fois par jour, 3 granules de chacun). Dans les cas de constipation chronique, 10 gouttes de *Reckeweg 37*, 2 fois par jour en

alternance avec 2 gellules du complexe *Dépuratum* devraient donner des résultats remarquables en moins de 10 jours. À noter : aussitôt que le problème se stabilise, on ne prend les remèdes qu'au besoin.

Kinésithérapie

Des exercices spécifiques de certains muscles abdominaux, associés à un travail respiratoire dirigé, pourront dans certains cas activer le péristaltisme. De plus, des manœuvres spécifiques de massage sur la région abdominale amélioreront grandement le transit gastro-intestinal.

Massothérapie

Tout comme pour les flatulences ou les maux de ventre, le massage ventral pourra dans certains cas faciliter le transit intestinal. Les manœuvres douces et lentes de ce type de massage contribuent à la détente tout en stimulant les organes de la digestion et le transit intestinal.

Le thérapeute ajoute à cette technique l'utilisation d'huiles essentielles. Il peut aussi appliquer des compresses de silice ou de galets de basalte, deux matières aux qualités calorifiques particulièrement efficaces.

Naturopathie

Boire beaucoup d'eau, manger des aliments qui contiennent beaucoup de fibres : fruits frais, légumes verts, riz brun. Manger des prunes et des figues, bonnes sources de laxatif naturel.

Voici ce que propose la naturopathie :

- 2 c. à thé de graines de lin moulues matin et soir (tremper les graines dans un peu d'eau chaude ; lorsqu'elles sont gélatineuses, les avaler telles quelles).
- Psyllium : 1 c. à thé de psyllium dans une tasse d'eau matin et soir.
- Compote de pommes naturelle : bonne source de fibres.
- Aloès : boire 1/2 tasse d'aloès matin et soir.
- *Bilac* (Herba Santé) : aide à la digestion et à la production de bile.

Hémorroïdes

Les hémorroïdes sont des coussins vasculaires artério-veineux situés près du rectum et de l'anus. Ces vaisseaux sanguins assurent l'élasticité du sphincter anal et une occlusion parfaite de l'anus. Les problèmes hémorroïdaux résultent d'une congestion sanguine qui provoque l'inflammation et la dilatation de ces vaisseaux. Les hémorroïdes internes apparaissent d'abord dans le rectum, mais elles sont alors difficilement détectables. La douleur devient significative lorsqu'elles descendent dans l'anus. Même si les symptômes sont parfois très impressionnants, les conséquences sont rarement dramatiques. Près de 50 % des adultes de plus de 50 ans souffrent d'hémorroïdes en Amérique du Nord.

Les trois principaux symptômes des hémorroïdes sont la démangeaison, l'irritation et le saignement. Il peut y avoir également de la constipation et une enflure dans la région anale. Le saignement est souvent le seul moyen de détecter les hémorroïdes internes, car elles ne sont pas douloureuses.

Les hémorroïdes sont causées par une pression exercée sur les veines rectales. Celle-ci peut être due à une grossesse, à une position debout ou assise prolongée, à la diarrhée, à la présence de certaines tumeurs, à un effort physique intense et même à l'obésité. Faire de trop grands efforts pour aller à la selle peut aussi provoquer une irritation des veines du rectum et de l'anus.

Aromathérapie

Remède à usage interne

Cyprès	1	goutte

Peler une gousse d'ail et en enlever le bout rugueux. Mettre la goutte de cyprès sur la gousse et insérer celle-ci, la racine en premier, comme un suppositoire. Répéter après chaque défécation.

Homéopathie

Le remède par excellence de l'homéopathie est *Aesculus* qu'on prendra 3 fois par jour en dilution de 9CH. Il est souvent utile et plus rapide de compléter cette prescription en ajoutant 2 fois par jour 10 gouttes du complexe *Reckeweg 13*. Cette prescription a souvent évité une opération.

Kinésithérapie

Selon le cas, la kinésithérapie pourra proposer un travail de massage – mobilisation de l'abdomen associée à une respiration diaphragmatique. Des techniques d'automassage au glaçon ou au jet d'eau froide, par de simples pressions circulaires autour de l'orifice anal durant 2 ou 3 minutes, pourront être également enseignées. Dans certains cas, un travail musculaire du plancher pelvien, des abdominaux et des muscles des hanches pourront être bénéfiques pour éviter la stase locale.

Maux du système digestif

Syndrome d'irritabilité du côlon

Le syndrome d'irritabilité du côlon, aussi appelé côlon irritable, est un trouble digestif caractérisé par un dysfonctionnement des muscles du côlon. Celui-ci relie l'intestin grêle au rectum et à l'anus ; il a pour principale fonction d'absorber l'eau et les minéraux contenus dans les aliments. Pour une raison qu'on ignore, certaines personnes ont un côlon irritable qui réagit fortement aux gaz, au stress et à certains aliments. Dans ces conditions, les muscles sont agités de spasmes au lieu d'avoir des contractions régulières, ce qui cause de multiples malaises.

On observe que les symptômes du côlon irritable se manifestent différemment d'une personne à l'autre et que leur intensité est très variable. La plupart du temps, il y a présence de crampes abdominales, de ballonnements, de diarrhée, de constipation et de vents. Si ces symptômes sont désagréables, ils ne semblent toutefois pas reliés à des troubles plus graves comme la maladie de Crohn ou la colite ulcéreuse.

On ne connaît toujours pas la cause de cette affection, mais il semble que le stress aurait un rôle à jouer dans l'apparition de ses symptômes. Les aliments contenant beaucoup de gras et de sucre raffiné pourraient également constituer des éléments déclencheurs. Il serait néanmoins judicieux d'éliminer la présence d'une éventuelle intolérance alimentaire.

Aromathérapie

Mélange à usage interne

Orange douce	3 ml
Basilic	2 ml
Cumin	1 ml

Mettre une goutte du mélange dans 1/2 c. à thé d'huile d'olive à prendre avant chaque repas ; répéter avant le coucher. Faire ce traitement chaque jour pendant 3 semaines, puis arrêter une semaine. Reprendre le traitement au besoin.

Homéopathie

Si, après une semaine de prise en alternance de *Reckeweg 7* et de *Dépuratum,* le symptôme subsiste, il est conseillé d'aller consulter son homéopathe.

Naturopathie

Suivre une diète composée de légumes et de grains entiers. Attention au blé.

À éviter: fritures, beurre, viande rouge, caféine et cigarette. Minimiser la consommation de légumineuses et de tous les choux.

Voici le traitement proposé:

- Tonique Alfalfa: Contient la vitamine K nécessaire à la digestion et à l'intégrité de la flore intestinale.
- Aloès (1/2 tasse 3 fois par jour): Aide à garder le transit intestinal libre de mucus.
- Complexe de vitamine B (50 mg 3 fois par jour): Garde les muscles du transit intestinal souples et aide à l'absorption des gras et des protéines.
- Acidophilus: Garde la flore intestinale en santé.
- *L-Glutamine* (500 mg 1 ou 2 fois par jour): Aide à calmer le système digestif et à réduire l'inflammation.
- Calcium et magnésium (500 mg 2 fois par jour): Cette combinaison calme le système nerveux central.

Maux du système digestif

Hoquet

La plupart du temps, nous avons le hoquet lorsque notre estomac est en pleine activité. Le hoquet est une contraction spasmodique répétée et involontaire du diaphragme suivie d'une brusque fermeture de la glotte. De petites quantités d'air sont alors expulsées des poumons en produisant le petit « hic » si caractéristique du hoquet.

L'intervalle entre chaque contraction varie selon l'activité gastrique ; on peut compter de deux à soixante contractions par minute. Si le hoquet ne dure généralement que quelques instants, sa forme chronique peut s'avérer un handicap majeur, surtout durant le sommeil.

Le hoquet peut être causé, entre autres, par une surconsommation d'alcool, une compression du thorax ou une dilatation de l'estomac, ou encore lorsqu'on mange ou boit trop vite. À noter que ce phénomène peut aussi se déclencher sans raison apparente.

Les symptômes du hoquet ne nécessitent pas qu'on s'y attarde longuement : *Hic !*

Aromathérapie

Remède à usage externe

Basilic	1 goutte

Mettre la goutte sur la paume de la main, frotter les mains ensemble et couvrir la bouche et le nez avec les mains placées de façon à former un vase s'ouvrant seulement d'un côté. Inhaler lentement pendant 10 à 12 fois, puis frotter le plexus solaire avec les mains dans le sens horaire.

Homéopathie

S'il est vrai que le hoquet est souvent dû à des troubles digestifs (que la prise en alternance de *L 114* et de *R 7* préviendra), il peut aussi être causé par des facteurs émotifs. Dans ce cas, la prise de *Ignatia* 9CH, 3 granules aux 10 minutes, apportera un soulagement. Arrêter le traitement après 3 prises s'il n'y a pas de résultat.

Massothérapie

Souvent relié au manque d'oxygène du diaphragme, le hoquet est bénin mais inconfortable. Le massothérapeute sera en mesure de prodiguer une technique que l'on appelle le Hara-sédatif. Il s'agit d'une technique respiratoire (pour combler le manque d'oxygène) associée à des mouvements spécifiques de massage.

Naturopathie

Voici le traitement proposé:

- Prendre de grandes respirations et tenir son souffle le plus longtemps possible.
- Prendre de petites gorgées d'eau tout en retenant son souffle.
- Manger lentement.
- Éviter l'alcool et la nourriture épicée.

CHAPITRE 3

Maux musculaires et articulaires

Entorses et déchirures

Une entorse survient lorsque les ligaments sont distendus ou se déchirent à la suite d'un mouvement violent ou inattendu. Au moment du choc, les deux surfaces articulaires se déplacent, entraînant une déchirure ou une élongation des ligaments qui les entourent et les maintiennent en place. S'il s'agit seulement d'une élongation, on parle d'une entorse bénigne; s'il s'agit d'une déchirure, on a alors affaire à une entorse grave pouvant provoquer un hématome. La douleur qui s'ensuit est d'abord très vive, puis elle s'atténue pour ensuite se manifester à chaque nouveau mouvement.

Les entorses et les déchirures se produisent le plus souvent au cours d'activités sportives plus ou moins violentes. Négliger de s'échauffer avant de faire de l'exercice augmente sensiblement les risques de blessure. À noter cependant qu'un simple faux pas peut suffire à provoquer une entorse légère.

Homéopathie

Dans les cas d'entorses et de déchirures, on donnera souvent en alternance *Rhus toxicodendron* 9CH et *Ruta* 9CH plusieurs fois par jour. Il est intéressant de noter que certains produits homéopathiques extrêmement efficaces existent sous forme de crèmes spécialement conçues pour traiter ce type de problème. La crème *Traumeel* et le complexe *R 30* devraient faire partie de toutes les pharmacies.

Kinésithérapie

Entorses – Les modalités de traitement varient en fonction de l'endroit et de la gravité de l'entorse. En règle générale, dès la fin de l'indispensable période d'immobilisation, le traitement est entrepris: massage spécifique à visée circulatoire et cicatricielle dans un premier temps, puis réveil neurosensitif par massage-mobilisation et techniques de réharmonisation musculaire. Enfin, une éducation de la vigilance par des exercices d'équilibration et de stimulation musculaire rythmique est pratiquée. Ainsi, grâce à une rééducation précoce et bien conduite, les risques de récidive sont grandement diminués.

Élongation et déchirures musculaires – Selon l'endroit et la gravité de la blessure, le traitement est plus ou moins poussé:

application locale de glace avec repos absolu ou simple maintien par contention et repos relatif. Par la suite, techniques de massage, application de chaleur et sollicitations musculaires adaptées facilitent la récupération optimale de la fonction musculaire.

Massothérapie

Le massothérapeute doit intervenir dans les premières heures qui suivent l'entorse ou la déchirure. Un massage avec de la glace sera alors pratiqué sur la région affligée et enflée. Attention : le massage ne doit pas durer plus de 15 minutes (2 ou 3 fois par jour) jusqu'à ce que l'enflure disparaisse.

La deuxième intervention consiste en l'application de chaleur. Il faut d'abord s'assurer que l'enflure a disparu (ce qui peut prendre jusqu'à 72 heures). Puis, pour bien réchauffer la région touchée, il est conseillé de la masser à l'aide d'une pommade à l'arnica.

Naturopathie

Voici le traitement proposé :

- Cataplasme d'argile verte (bien couvrir la région affectée puis envelopper dans une étamine) : Propriétés anti-inflammatoires.
- Calcium et magnésium (1 500 mg par jour) : Cette combinaison aide à la réparation des tissus conjonctifs.
- Acides aminés essentiels : Aident à la réparation du tissu conjonctif et augmentent le taux d'énergie.
- Broméline (250 mg à 500 mg 3 fois par jour) :
  Par ses propriétés anti-inflammatoires, aide à diminuer l'inflammation.

Bursite

La bursite est l'inflammation de ce qu'on appelle les bourses séreuses, petites poches remplies de synovie (liquide contenu dans l'articulation) situées entre les tendons et les os. Grâce à ces bourses, les tendons peuvent se déplacer facilement et avec un minimum de friction sur la surface des os. Regroupées dans la région des genoux, des coudes, des épaules et des poignets, ces bourses sont soumises à une friction pouvant causer de l'inflammation lorsque les tendons deviennent noueux à la suite d'un effort violent ou de mouvements répétés.

Parmi les symptômes de la bursite, on trouve de l'inflammation, de l'enflure et une dysfonction de l'articulation. Les mouvements peuvent être accompagnés ou non de douleur.

Puisque la bursite est le résultat d'une friction entre les muscles (ou les tendons) et les os, elle touche tout particulièrement les sportifs et les travailleurs manuels qui doivent répéter souvent les mêmes gestes ou exercer une pression constante sur une articulation. Signalons que, dans certains cas, la bursite peut être causée par une infection. On parle alors de bursite infectieuse.

Aromathérapie

Mélange à usage externe

Thé des bois	3 gouttes
Cyprès	3 gouttes
Épinette noire	5 gouttes
Eucalyptus citriodora	9 gouttes

Appliquer 5 gouttes du mélange sur la zone 4 fois par jour. Recommencer quotidiennement pendant une semaine, puis arrêter pour voir l'état de la bursite. Répéter au besoin.

Homéopathie

Un traitement efficace des bursites consiste à prendre en alternance *Apis* 9CH et le complexe *Reckeweg 1,* 3 fois par jour chacun. Si après 3 jours il n'y a ni disparition ni atténuation des symptômes, il est conseillé de consulter son homéopathe.

Kinésithérapie

Toujours associé au traitement médical anti-inflammatoire et à un repos relatif de la région concernée, le traitement cherchera à diminuer les douleurs par des techniques spécifiques de massage-mobilisation. Par la suite, selon l'endroit de la bursite, des exercices d'étirement et de réharmonisation musculaires seront entrepris. L'essentiel du traitement devra déboucher sur un travail de réapprentissage du geste, indispensable pour éviter toute récidive.

Massothérapie

Dans le cas d'une bursite, il est important de calmer l'inflammation et de soulager la douleur. Dans ce but, le massothérapeute appliquera 3 gouttes d'huile essentielle de menthe poivrée (anti-douleur) et 3 gouttes d'huile essentielle de niaouli ou de cyprès (afin d'augmenter la circulation sanguine et de réduire ainsi l'inflammation) sur la partie à traiter. On enchaînera ensuite par un massage à l'arnica.

Naturopathie

Avoir une alimentation riche en fibres. Manger les protéines en petites quantités à la fois. Éviter les fritures et le vin rouge.

Voici le traitement que propose la naturopathie :

- Cataplasme d'huile de ricin.
- Complexe de bromέline avec glucosamine (500 mg 3 fois par jour) : Stimule la réhabilitation du collagène. Protège la bourse.
- Calcium et magnésium, essentiels pour le système nerveux central : Cette combinaison aide à relaxer les muscles.
- Huile de lin ou huile de bourrache : Possèdent toutes les deux des propriétés anti-inflammatoires. Ces huiles préservent la membrane cellulaire et aident la cellule à garder son eau et ses nutriments.

Crampes musculaires

Qui n'a jamais souffert de crampes musculaires ? Et souvent au pire moment ! Nous savons que les crampes musculaires sont le résultat d'une contraction douloureuse, involontaire et transitoire d'un ou de plusieurs muscles. Normalement, le muscle se contracte pendant l'effort, puis se détend. Or, il arrive qu'il demeure contracté pour des raisons encore mystérieuses. La douleur devient alors intense et le muscle semble dur au toucher. Même si les crampes sont beaucoup plus fréquentes dans les membres inférieurs (notamment dans les mollets), elles peuvent également se produire dans les membres supérieurs.

Les crampes musculaires sont le plus souvent passagères, mais elles peuvent parfois se répéter dès la reprise de l'exercice. Douloureuses, elles sont néanmoins sans gravité.

Elles surviennent fréquemment pendant ou après un effort physique intense, le plus souvent au cours d'un mouvement de raccourcissement plutôt que d'élongation du muscle. Une transpiration abondante pourrait, semble-t-il, provoquer un déséquilibre électrolytique favorable au déclenchement des crampes. L'accumulation d'acide lactique dans les muscles et la déshydratation auraient le même effet.

Aromathérapie

Mélange à usage externe

Eucalyptus citriodora	4 gouttes
Épinette noire	3 gouttes
Pin sylvestre	3 gouttes
Lavande	3 gouttes

Appliquer le mélange d'huiles directement sur les muscles en massant légèrement. Si désiré, appliquer une compresse chaude par-dessus. Répéter au besoin. Ces huiles peuvent être diluées dans une cuillerée à table d'huile de sésame ou de millepertuis – pour le massage – ou ajoutées à une cuillerée à thé de lait – pour le bain.

Homéopathie

Cuprum 9CH est le premier remède auquel on pense pour traiter les crampes musculaires en homéopathie. Il peut être pris

3 fois par jour pendant une période limitée (3 jours). Si le symptôme persiste, il est avisé de consulter son homéopathe.

KINÉSITHÉRAPIE

Le traitement initial est toujours le même : étirement progressif du muscle touché durant quelques minutes, parfois application de glace, puis massage veineux de drainage avec, par la suite, travail de contractions *a minima* (durée maximale 5 minutes). Cependant, il faudra ensuite différencier l'origine de la crampe :

Crampe survenue pendant l'effort – Si la cause de la crampe est d'ordre professionnel, il faut voir à adapter l'environnement ou à modifier le geste professionnel par une réharmonisation musculaire et un travail d'étirement spécifique. Si la crampe est due à la fatigue, un étirement spécifique du muscle touché suivi d'un massage-étirement en viendront à bout. Ce type de crampe est parfois la manifestation d'une altération neurologique ; elle nécessitera alors un diagnostic médical.

Crampe survenue après l'effort – Ce type de crampe est surtout causé par un déséquilibre alimentaire. Le traitement kinésithérapique initial est toujours valable mais un traitement diététique s'avère indispensable. Ce type de crampe est parfois la manifestation d'une altération vasculaire ; elle nécessitera alors un diagnostic médical.

MASSOTHÉRAPIE

Il est important de savoir qu'il ne faut jamais masser une crampe, ce qui aurait pour effet d'amplifier la douleur. Par contre, on étire une crampe musculaire soit par élongation passive (le thérapeute prodigue l'élongation à la place du patient) ou par élongation volontaire (c'est la personne souffrante qui s'étire). Lorsque la crampe est passée (même quelques instants plus tard), le thérapeute est en mesure de masser à l'aide d'huile essentielle d'eucalyptus et de gel ou d'huile à masser.

Il est conseillé aux personnes souffrant de crampes musculaires fréquentes de suivre quelques sessions de « streching » dans un bain bouillonnant. Ces techniques sont offertes dans la plupart des centres de santé ou des spas sous la supervision d'un hydrothérapeute.

Torticolis

Le torticolis est causé par une contracture douloureuse et unilatérale des muscles du cou. Il peut être provoqué par un coup de froid, une arthrose cervicale ou être associé à une torsion ou à une inclinaison anormale du cou, qu'elle soit d'origine congénitale (présente à la naissance), infectieuse, traumatique, orthopédique ou neurologique. Ajoutons à cette liste de causes possibles les longues heures de sommeil dans une mauvaise position, les mouvements brusques de la tête et les éternuements violents.

Le torticolis se manifeste par une inclinaison de la tête avec une rotation du menton vers le côté opposé. La personne éprouve une douleur sourde et de la raideur dans la région du cou et des épaules. Les victimes du « coup du lapin » (*whiplash*) ressentent une douleur brutale dans la nuque pendant ou après un choc violent (un accident de voiture, par exemple).

La plupart du temps bénin, le torticolis peut néanmoins cacher un problème grave.

Aromathérapie

Mélange à usage externe

Eucalyptus citriodora	3 gouttes
Thé des bois	2 gouttes
Menthe poivrée	1 goutte
Épinette noire	2 gouttes

Appliquer directement sur le cou et à la base du crâne (occipital) en massant légèrement. En cas de mal de tête, appliquer aussi sur le front et derrière les oreilles. Répéter au besoin.

Homéopathie

Un torticolis causé par un coup de froid sec (climatisation, journée d'hiver), s'il est accompagné d'une douleur vive, répondra bien à une prescription d'*Aconit* 9CH. L'expérience enseigne cependant que ce symptôme est souvent aussi d'origine émotive (une contrariété); il faudra alors considérer l'ingestion de *Ignatia* 9CH de 3 à 6 fois par jour.

Maux musculaires et articulaires

Kinésithérapie

Dans un premier temps, il faut s'assurer de l'origine du problème. Selon les causes, le repos, l'application de glace, le massage-mobilisation, les techniques d'étirement et de levées de tensions adaptées permettront d'éliminer les contractures musculaires, de diminuer les douleurs et d'améliorer la posture.

En cas de récidive, un traitement basé sur la récupération des amplitudes, le renforcement musculaire et l'éducation de la mécanique cervicale sera entrepris. Une libération des chaînes musculaires liées aux épaules et une rééducation spécifique à partir d'exercices visuels (rééducation oculo-cervicale) seront souvent indispensables.

Enfin des conseils relatifs à l'auto-étirement, à l'adaptation du poste de travail, aux positions de repos, etc, limiteront les risques de récidive.

Massothérapie

Dans ce cas-ci, le massothérapeute doit procéder à une décongestion musculaire à l'aide d'huile essentielle de niaouli. La décongestion musculaire devrait être suivie d'un grand et bénéfique massage du dos (de type suédois). À la suite de ce massage, le thérapeute appliquera un baume musculaire en prodiguant des manœuvres spécifiques dans la région cervicale. Après ces manœuvres, le massothérapeute pourra enchaîner en appliquant des compresses de silice chaudes (appelés aussi *hydrocollators*). Ces compresses visent à calmer la douleur et à favoriser la circulation sanguine. Le traitement pourra se terminer dans un bain thermomasseur agrémenté d'une décongestion musculaire prodiguée par un hydrothérapeute.

Maux de dos

Les maux de dos sont si répandus qu'on les considère à présent comme un problème de santé publique dans les pays industrialisés. En fait, plus de 60 % des gens souffriront de maux de dos au cours de leur vie. Le lumbago ou « tour de reins » est une affection aiguë qui touche la région lombaire. Ce blocage est fort douloureux et résulte en général d'une entorse discale survenant à la suite d'un mouvement brusque. Les jeunes qui pratiquent des sports violents et les personnes âgées souffrant d'arthrose vertébrale sont particulièrement touchés.

Un lumbago se manifeste par des douleurs intenses dans la région lombaire à la suite d'un effort violent ou du maintien prolongé d'une position debout ou assise. Le plus souvent, la personne reste bloquée après avoir tenté de soulever un objet lourd ou après une quinte de toux. Ces symptômes peuvent même la forcer à garder le lit.

Le lumbago, comme la plupart des maux de dos, peut également être dû à une surcharge pondérale, à un relâchement ligamenteux pendant la grossesse, à un manque de sommeil ou encore à un stress.

Aromathérapie

Mélange à usage externe

Épinette noire	5 gouttes
Pin sylvestre	5 gouttes
Eucalyptus citriodora	4 gouttes
Romarin	3 gouttes
Menthe poivrée	3 gouttes

Appliquer 5 gouttes du mélange sur les zones endolories, puis diluer le reste du mélange dans 1 c. à table d'huile de millepertuis et masser tout le dos. Si le dos est en proie à des spasmes ou trop douloureux pour être touché, appliquer 10 gouttes aux zones endolories, puis mettre une compresse chaude ou froide (au choix). Retremper la compresse pour en maintenir la température. Après une heure, appliquer le reste des huiles et refaire des compresses. Répéter au besoin.

Maux musculaires et articulaires

Homéopathie

Les causes des maux de dos pouvant être multiples, il faut consulter son homéopathe. Cependant, dans tous les cas, l'application de la crème homéopathique *Reckeweg 61* permet un soulagement rapide de la douleur. Il est conseillé de ne pas appliquer la crème directement sur la peau et de la mélanger avec un peu d'huile d'amande. Une réconfortante chaleur se manifestera rapidement et la douleur sera rapidement atténuée.

Kinésithérapie

Il faut d'abord s'assurer qu'il ne s'agit pas d'un problème grave résultant d'une chute (fracture, luxation, etc.) ou d'une maladie avec perte de poids, fatigue excessive (pathologie sous-jacente inflammatoire, infectieuse, cancéreuse, etc.). Par la suite, les techniques de massage-mobilisation et d'étirement spécifique des différentes chaînes musculaires permettront une libération des tissus.

Une rééducation avec apprentissage de la dynamique du bassin associée à celle de la région lombaire, puis un exercice de renforcement spécifique (en particulier des muscles dorsaux) et de souplesse seront entrepris. Enfin un travail plus global avec reprise des activités sur ballon ou plateau d'équilibre et prescription d'exercices adaptés permettront de replacer l'individu dans une dynamique malheureusement souvent oubliée, surtout chez le lombalgique chronique (lombalgie durant depuis plus de trois mois), par peur d'une éventuelle crise aiguë.

Cette reprise empêchera la cessation ou la diminution des activités du lombalgique de conduire inexorablement celui-ci vers un déconditionnement physique et psychique propice à l'installation de la chronicité.

Enfin dans certains cas un travail de mobilisation-massage du ventre et des techniques spécifiques de mobilisation tissulaire de cette région entraîneront très rapidement une diminution des douleurs.

Massothérapie

Tout dépend de l'origine du mal de dos et aussi de l'endroit où il se situe, mais en général il est approprié de faire un massage de type suédois de toute la région douloureuse. Plusieurs outils peuvent aider le thérapeute qualifié dans sa quête vers

le soulagement du mal : rubéfiant musculaire, huiles essentielles, compresses chaudes et, dans certains cas, utilisation d'un vibromasseur professionnel. Un massage sous la pluie procurera également soulagement et réconfort.

Une approche nouvelle mais intéressante consiste en un massage aux pierres de basalte*. La surface lisse, pure et chaude des galets de basalte glisse sans effort le long du corps et sur les muscles endoloris grâce à l'habileté du thérapeute qualifié. Ce type de massage apporte à la personne qui le reçoit une détente et un bien-être exceptionnels ainsi que la sédation de certaines douleurs musculaires.

La combinaison de chaleur et de froid qu'offre cette thérapie permet une sorte de gymnastique vasculaire des systèmes circulatoires sanguin et lymphatique. Ce type de massage peut aussi s'effectuer sous douche d'affusion.

* *Pierre de basalte : pierre volcanique ayant la propriété de conserver sa chaleur lorsqu'elle est trempée assez longtemps dans l'eau chaude.*

Naturopathie

La cause des maux de dos peut varier. Il se peut qu'un traitement d'ostéopathie, de chiropratique ou un bon massage aide à soulager les douleurs et à garder la flexibilité musculaire.

Voici le traitement que propose la naturopathie :

- Calcium et magnésium (1 000 mg de calcium pour 500 mg de magnésium 1 fois par jour) : Cette combinaison soulage les contractions neuromusculaires.
- Crème ou huile d'arnica : Masser la région affectée plusieurs fois par jour.
- Complexe d'acides aminés : Aide à la réparation du tissu conjonctif.
- Cataplasme d'argile : Étendre sur la région affectée, recouvrir d'une étamine et d'une pellicule de plastique. Laisser agir une demi-heure à une heure.
- Prendre des bains chauds ou appliquer une bouteille d'eau chaude sur la région affectée.

Maux musculaires et articulaires

Tendinite

Tout le monde a déjà entendu parler du fameux *tennis elbow*. Comme toutes les tendinites, le *tennis elbow* est une inflammation des tendons (dans ce cas-ci, des tendons du coude).

Les tendons relient les muscles aux os et transmettent la force musculaire, entraînant ainsi le mouvement des articulations. L'élasticité des tendons permet la modulation de la force musculaire et diminue les risques de blessure au cours d'un effort violent. Toutefois, les tendons sont toujours relativement fragiles en raison d'une mauvaise irrigation sanguine.

La douleur qui, à l'origine, ne se manifestait qu'à la suite d'un mouvement précis, devient progressivement constante et se fait sentir même au repos. La région affectée peut devenir extrêmement sensible et le mouvement, pratiquement impossible.

Les tendinites résultent d'un surmenage ou d'une utilisation inhabituelle de l'articulation et des tendons. Ceux-ci frottent alors sur leur gaine, ce qui entraîne des phénomènes d'inflammation et de mort cellulaire. La déshydratation peut également contribuer à l'apparition des symptômes. Les tendinites affectent le plus souvent les sportifs et les gens dont le métier implique des mouvements répétitifs.

Aromathérapie

Mélange à usage externe

Hélichryse italienne	5 gouttes
Lavande	8 gouttes
Thé des bois	5 gouttes
Eucalyptus citriodora	7 gouttes
Hydrolat d'hamamélis	

Appliquer 2 ou 3 gouttes du mélange sur la zone affectée 6 fois par jour. Appliquer des compresses d'hydrolat d'hamamélis et envelopper légèrement la zone pendant la nuit. Répéter au besoin.

Homéopathie

Ruta 9CH est la première réponse à laquelle on pense pour soigner les tendinites. Cependant, pour mettre toutes les chances de son côté, il est préférable de compléter le traitement en alternant le complexe *R 55* et le complexe *R 1* à raison de 10 gouttes de chacun 3 fois par jour. Plusieurs ostéopathes

ajoutent également à leur traitement l'application de la pommade homéopathique *R 61*.

KINÉSITHÉRAPIE

En premier lieu, le traitement devrait être préventif et éducatif. La recherche du facteur déclenchant est primordiale afin d'éviter les rechutes.

Le traitement initial comprend une mise au repos avec contention éventuelle et un arrêt du geste responsable ou une modification du matériel responsable (manche de raquette trop petit ou trop gros, raquette trop lourde, chaussures mal adaptées en fonction du terrain, etc.).

Par la suite, il convient de faciliter la cicatrisation tendineuse par des techniques de massage spécifiques, le travail d'extensibilité musculaire par des exercices posturaux et des levées des tensions, le réajustement des équilibres musculaires par une remusculation adaptée des différents groupes musculaires et une réharmonisation du geste.

MASSOTHÉRAPIE

Dans le cas d'une tendinite, il est important de calmer l'inflammation et de soulager la douleur. Le massothérapeute y parviendra en appliquant 3 gouttes d'huile essentielle de menthe poivrée (anti-douleur) et 3 gouttes d'huile essentielle de niaouli ou de cyprès (dans le but d'augmenter la circulation sanguine et de réduire ainsi l'inflammation) sur la partie à traiter. On enchaînera ensuite par un massage à l'arnica.

NATUROPATHIE

Manger le plus possible de légumes frais, de poulet et de poisson. Éviter les fritures et les sucres raffinés.

Voici le traitement que propose la naturopathie :

- Vitamine A et bêta-carotène (5 000 UI 2 fois par jour pendant 1 mois) : Stimule la réparation des tissus conjonctifs et diminue l'inflammation.
- Complexe d'omega 3 (1 000 mg 2 fois par jour) : Aide à diminuer l'inflammation.
- Vitamine C (1 000 mg par jour) : La vitamine C joue un rôle important dans la production du collagène qui, en retour, facilite la guérison des tissus.
- Appliquer de la chaleur pendant 30 minutes, 1 ou 2 fois par jour.

Maux musculaires et articulaires

Douleurs chroniques

Les douleurs chroniques sont mal connues et difficiles à diagnostiquer en raison de la diversité des symptômes. L'expression recoupe toutes les douleurs musculaires, légères ou aiguës, qui résistent aux traitements médicaux conventionnels, ou encore qui persistent plus de six mois ou au-delà du temps normal de guérison. Elles touchent aussi bien les hommes que les femmes et peuvent parfois mener à des abus d'alcool et de drogues.

Il existe plusieurs types de douleurs chroniques : douleurs musculaires persistantes, souvent accompagnées de raideur, d'enflure et de crampes ; problèmes de dos, sourds ou aigus, intermittents ou chroniques, localisés ou diffus. Ces symptômes sont souvent accompagnés de faiblesse musculaire, d'engourdissement et de troubles du sommeil.

Même si leurs causes sont trop souvent nébuleuses, il semble qu'elles soient reliées au vieillissement et à diverses maladies, telle l'arthrite. Elles se manifestent parfois à la suite d'un accident, d'une opération – on parle alors de douleurs postchirurgicales chroniques – ou d'une amputation (membre fantôme). Mentionnons finalement que le stress et divers problèmes psychiques peuvent abaisser le seuil de douleur, en réduisant la production d'antalgiques naturels.

AROMATHÉRAPIE

Mélange n° 1, à usage externe

Épinette noire	3 gouttes
Pin sylvestre	3 gouttes
Menthe poivrée	2 gouttes
Lavande	4 gouttes

Appliquer 2 ou 3 gouttes du mélange sur la zone douloureuse 4 à 6 fois par jour, au besoin.

Mélange n° 2, à usage interne

Cannelle écorce	2 gouttes
Citron	4 gouttes
Hydrolat de thé du Labrador	3/4 c. à thé

Maux musculaires et articulaires

Ajouter 2 gouttes du mélange d'huiles et 1/4 c. à thé d'hydrolat à un petit verre d'eau et boire avant chaque repas.

Homéopathie

Il faut consulter son homéopathe.

Kinésithérapie

Selon le diagnostic médical établi, le traitement s'intéressera plus spécifiquement à tel ou tel symptôme. Les techniques de massage à visée relaxante, des exercices respiratoires adaptés et des exercices de contraction-décontraction *a minima* agiront principalement sur les douleurs et sur le stress.

Les manœuvres vasculaires de drainage et de pompage en position dirigée agiront plus sur les troubles circulatoires.

Enfin les mobilisations douces et progressives passives plus actives, associées au massage, permettront de diminuer les raideurs et d'augmenter les capacités articulaires.

Massothérapie

Dans le cas de douleurs de type musculaire, le massage suédois peut s'avérer très efficace.

Naturopathie

La source des douleurs chroniques peut varier et l'affectation aussi. Il serait bon d'éviter les agents agresseurs tels la caféine et les sucres raffinés et de prendre beaucoup de repos. Parfois une cure de désintoxication systémique peut alléger les symptômes.

Voici le traitement que propose la naturopathie :

- Multivitamines.
- Complexe de calcium et magnésium afin de préserver la réponse neuromusculaire.
- Complexe de vitamine B (50 mg une fois par jour) : Aide à gérer l'anxiété et le stress.
- Omega 3 (1 000 mg une fois par jour) : Supporte le système nerveux central, le système cardiovasculaire et protège les articulations.

Fatigue chronique

Anciennement connu sous le nom d'encéphalomyélite myalgique, le syndrome de fatigue chronique est une maladie complexe, difficile à diagnostiquer et qui ne fait pas l'unanimité dans le monde médical. Certains médecins hésitent encore à reconnaître son existence en tant que maladie. Elle frappe principalement les femmes de moins de 45 ans, et elle peut durer plusieurs années ou disparaître aussi rapidement qu'elle est apparue.

En plus d'éprouver de la fatigue, les personnes atteintes se plaignent de douleurs musculaires et de maux de tête. Elles ont souvent du mal à se concentrer et présentent à l'occasion une fièvre légère. On note également un gonflement des ganglions lymphatiques, des maux de gorge persistants et de l'insomnie.

Les chercheurs tentent toujours d'établir les causes de la fatigue chronique. On croit qu'elle pourrait être due à un déséquilibre immunitaire ou encore à une infection virale qui toucherait les sujets épuisés et stressés. D'autres chercheurs pensent au contraire que cette affection serait le résultat d'allergies alimentaires ou encore d'intoxications par des produits chimiques dangereux.

Homéopathie

Il faut consulter son homéopathe. Cependant dans bien des cas, la combinaison de la prise du tonique végétal d'Homéocan (1 c. à soupe, 3 fois par jour) avec des comprimés d'*Amphosca* aideront de nombreuses personnes à se sentir mieux et plus fortes.

Kinésithérapie

Les techniques de relaxation associées à la respiration, au massage-mobilisation *a minima* et aux microcontractions pourront dans certains cas aider grandement ces personnes.

Cependant toute augmentation des symptômes devra remettre en cause le bien-fondé de telle ou telle manœuvre.

Massothérapie

Les gens atteints de fatigue chronique ont besoin de détente et de repos, mais aussi de minéraux. Le massothérapeute, mais surtout l'hydrothérapeute, seront en mesure de prodiguer les soins nécessaires. Par exemple, un massage apportera détente

et relaxation. Il pourra être suivi d'enveloppements corporels à base d'algues (très reminéralisant), de boue de tourbe (relaxant), de limon marin (également très reminéralisant) ou d'un traitement spécial d'origine marocaine appelé « Rassoul », concocté à partir de boue volcanique provenant du Maroc. Ces enveloppements corporels peuvent être très vivifiants.

Toute une gamme de soins d'hydrothérapie tels le massage sous la pluie, le drainage lymphatique dans le bain thermomasseur, la gymnastique vasculaire passive sous douche d'affusion et bien d'autres permettront de détendre les personnes souffrant de fatigue chronique.

Naturopathie

L'alimentation joue un rôle très important dans la fatigue chronique. Il est important d'avoir une alimentation constituée en grande partie de légumes frais, de poisson et de poulet. Éviter les fritures, les sucres raffinés, l'alcool et la caféine. Boire au moins 8 verres d'eau de source par jour.

Voici le traitement que propose la naturopathie :

- Extrait de glande de thymus, afin de stimuler le système immunitaire.
- Complexe de vitamine B avec vitamine B12 :
  Cette dernière favorise les fonctions antioxydantes.
- Vitamine C (1 000 mg par jour) : La vitamine C a des propriétés antivirales et antibactériennes.
- Ginseng sibérien : Augmente la résistance du corps aux infections, à la fatigue et à l'anxiété.
- *Herbaraphanus* de Herba Santé : Cure de désintoxication du foie à faire au printemps ou à l'automne. Attention, pendant la cure, il est nécessaire de prendre encore plus de repos.

Fibromyalgie

La fibromyalgie est une maladie rhumatismale chronique. Longtemps connue sous le nom de rhumatisme des tissus mous, de fibrosite ou de rhumatisme articulaire, la fibromyalgie est apparue sous cette dénomination au milieu des années 70. Il faudra toutefois attendre 20 ans avant que l'*American College of Rheumatology* émette une liste de critères permettant enfin un diagnostic précis de cette maladie. Encore mal connue du grand public, la fibromyalgie touche en particulier les femmes (le rapport est de quatre pour un) et sa fréquence augmente sensiblement avec l'âge.

Les symptômes sont nombreux : douleur sous forme de brûlure affectant plusieurs régions du corps, spasmes musculaires, fatigue pouvant atteindre l'épuisement, raideur, migraines, problèmes digestifs, douleurs abdominales, troubles du sommeil. Et la liste s'allonge... Ces symptômes peuvent se manifester en tout ou en partie et leur intensité peut varier d'une journée à l'autre chez un même individu.

Même si les causes de la fibromyalgie sont encore inconnues, on soupçonne qu'elle peut être déclenchée par un traumatisme violent, une maladie virale, une intervention chirurgicale, un choc émotif ou un épisode de grand stress.

Aromathérapie

Mélange nº 1, à usage interne

Cannelle écorce	4 gouttes
Eucalyptus citriodora	2 gouttes
Clou de girofle	2 gouttes
Mélaleuque	2 gouttes
Eucalyptus radiata	2 gouttes

Ajouter 2 gouttes du mélange à un petit verre d'eau à boire 6 fois par jour. Poursuivre le traitement aussi longtemps que nécessaire.

Mélange nº 2, à usage externe

Épinette noire	10 gouttes
Pin sylvestre	10 gouttes
Basilic	9 gouttes
Orange douce	11 gouttes

Incorporer le mélange d'huiles à 30 ml d'huile de milleper-

Maux musculaires et articulaires

tuis et appliquer la moitié le matin et le reste le soir. Répéter quotidiennement pendant 3 semaines, arrêter une semaine et répéter.

Homéopathie

Il faut consulter son homéopathe.

Kinésithérapie

Les techniques de relaxation associées à la respiration, au massage-mobilisation *a minima* et aux microcontractions pourront dans certains cas aider grandement les personnes atteintes. Cependant toute augmentation des symptômes devra remettre en cause le bien-fondé de telle ou telle manœuvre.

Massothérapie

Afin de procurer un soulagement aux personnes atteintes, le massothérapeute sera en mesure de prodiguer un type de massage appelé Hara sédatif accompagné d'huile essentielle de lavande. On poursuivra le traitement par une douche Vichy. La pluie fine et chaude de la douche Vichy (douche où le patient est couché) apporte à la personne qui la reçoit une sensation de sédation des douleurs.

Naturopathie

Le traitement de la fibromyalgie est le même que celui de la fatigue chronique, auquel on ajoute les éléments suivants :

- Acide malique : Joue un grand rôle dans la production de l'énergie cellulaire.
- Coenzyme Q10 (75 mg par jour) : Améliore l'oxygénation des tissus et les fonctions du système immunitaire.
- Complexe d'acides aminés : Aide à régénérer les tissus musculaires.
- *L-Tyrosine*, s'il y a dépression (500 mg à 1 000 mg avant le coucher) : Aide à relaxer les muscles et à alléger les symptômes de la dépression.
- Acidophilus, permet de garder le transit intestinal libre de mauvaises bactéries.
- *Myalaid* (complexe de Herba Santé) : Cible les symptômes de la fibromyalgie.

Goutte

La goutte est une affection articulaire douloureuse due à un excès d'acide urique dans le sang (hyperuricémie). L'acide urique est une substance produite naturellement par l'organisme et éliminée par les reins. Lorsqu'il y a excès d'acide urique ou que les reins n'arrivent plus à l'éliminer, celui-ci s'accumule dans différentes parties du corps, notamment dans les gros orteils, les coudes et les doigts. Cette maladie atteint surtout les hommes de plus de 60 ans et elle se classe parmi les rhumatismes dits microcristallins (secondaires à la formation de microcristaux au sein de l'articulation).

Des nausées, des renvois acides, de la sensibilité hépatique, de la nervosité, des migraines, des palpitations, une urine très foncée et une douleur importante au gros orteil comptent parmi les symptômes avant-coureurs de la goutte. Ils sont parfois accompagnés de fièvre et de frissons.

Les principales causes de la goutte peuvent être un traumatisme opératoire, un surmenage physique ou intellectuel, des excès alimentaires ou des réactions à l'alcool. La sédentarité, le manque d'activité physique et l'hérédité jouent également un rôle certain dans le développement de cette affection.

Aromathérapie

Mélange n° 1, à usage externe

Thé des bois	3 gouttes
Sapin baumier	3 gouttes
Cyprès	3 gouttes
Citron	2 gouttes
Hélichryse italienne	2 gouttes

Appliquer 1 ou 2 gouttes du mélange d'huiles sur la région affectée aussi souvent que le besoin s'en fait sentir au cours de la journée.

Mélange n° 2, à usage interne

Thé des bois	2 gouttes
Citron	7 gouttes
Hélichryse italienne	2 gouttes
Baie de genévrier	4 gouttes

Maux musculaires et articulaires

Prendre 3 gouttes du mélange diluées dans du sirop d'érable ou de l'huile d'olive 5 fois par jour. Répéter quotidiennement pendant une semaine, arrêter pendant 3 jours, répéter si nécessaire.

Mélange n° 3, à usage interne

Hydrolat de thé du Labrador	1 c. à table
Hydrolat de genévrier	1 c. à table
Hydrolat de basilic	1 c. à table

Ajouter les hydrolats à 1,5 litre d'eau et boire au cours de la journée. Répéter quotidiennement pendant 3 semaines.

Homéopathie

À de très nombreuses occasions, la prescription de *Colchicum* 9CH (3 fois par jour) a donné de bons résultats. Cependant, lorsque la goutte affecte un individu faisant des abus de table et souffrant de rhumatismes ou de problèmes de foie, le complexe *Urarthone* donne des résultats remarquables. À prendre à raison de 3 c. à soupe par jour, avant les repas.

Kinésithérapie

Le traitement étant principalement médical et l'évolution spontanément favorable sans séquelle en 3 à 8 jours, la kinésithérapie est rarement nécessaire.

Naturopathie

En cas de crise, ne manger que des légumes et des fruits frais pendant deux semaines. Boire beaucoup de jus de légumes et de fruits. Boire beaucoup d'eau. Éviter les aliments riches en purine. Éviter l'alcool et tous les sucres raffinés. Consommer beaucoup de germinaisons, particulièrement la luzerne, qui aide à la réduction du sérum de l'acide urique.

Voici le traitement que propose la naturopathie :

- Complexe d'acides aminés essentiels : Régénère les tissus.
- Vitamine C (3 000 mg à 5 000 mg par jour) : La vitamine C diminue le taux d'acide urique.
- Vinaigre de cidre de pommes (1 oz par jour).
- Complexe de vitamine B : Facilite la digestion et soutient les fonctions enzymatiques.

CHAPITRE 4

Maux de l'ossature

Maux de l'ossature

Décalcification

À partir de l'âge adulte, les os se décalcifient progressivement. Pour bien remplir son rôle de support et de maintien, l'ossature a besoin d'un apport en protéines et en hormones, en calcium et en phosphore. On parle de décalcification quand les os sont fragilisés à la suite d'une carence en calcium ou en vitamine D (qui permet au calcium de se fixer sur les os). Ce problème touche principalement les os et, accessoirement, les phanères (les dents, les cheveux, les ongles).

Quelles qu'en soient les causes, la décalcification des os entraîne le plus souvent des douleurs, des déformations et parfois même des fractures. Ces symptômes sont toutefois difficiles à détecter puisque la perte de masse osseuse et la fragilité des os ne produisent pas de symptômes en soi.

La décalcification peut être la conséquence de trois processus distincts: l'ostéolyse (destruction des travées osseuses par des cellules cancéreuses), l'ostéoporose (appauvrissement de la trame conjonctive de l'os) et l'ostéomalacie (faible imprégnation calcique résultant d'une carence alimentaire ou d'un défaut d'absorption).

Homéopathie

Dans les cas de décalcification, il est indiqué de prendre en alternance le complexe *L 11* d'Homeocan (à raison de 10 gouttes 3 fois par jour) et du *Rexorubia*. Ce produit comprend une dizaine de minéraux importants, traités de façon homéopathique, qui assurent une reminéralisation rapide. Attention, il y a contre-indication pour les diabétiques.

Kinésithérapie

Par des manœuvres de massage à caractère stimulant et trophique (nutrition cellulaire), associées à de petits mouvements rythmiques actifs, le traitement cherchera à provoquer une stimulation du métabolisme osseux. Bien sûr, toutes ces manœuvres devront être soigneusement dosées en fonction du taux de décalcification. Dans certains cas, une reprise progressive et bien conduite de l'activité gymnique permettra d'éviter une aggravation due à une immobilité totale ou partielle et replacera l'individu dans un cadre de vie actif et revalorisant, tant sur le plan physique que sur le plan psychique.

NATUROPATHIE

Une diète à forte teneur en calcium est nécessaire. Manger beaucoup de légumes frais, de graines et de yogourt. Éviter les sucres raffinés et la levure. Éviter aussi les noix, les asperges et les betteraves, car ces aliments contiennent de fortes doses d'acide oxalique, lequel inhibe l'absorption du calcium.

Voici le traitement que propose la naturopathie :

- Bore (3 mg par jour) : Facilite l'absorption du calcium.
- Calcium et magnésium (1 500 mg de calcium pour 500 mg de magnésium) : Combinaison nécessaire à la reminéralisation des os.
- Vitamine D (400 UI à 600 UI par jour) : Nécessaire au bon fonctionnement du métabolisme du calcium.
- Phosphore : Aide à la formation des dents et des os.
- *OSX Osteo Forte* de Genestra (2 ou 3 capsules par jour) : Aide à la formation des os et des dents et stimule l'absorption du calcium.

Maux de l'ossature

Scoliose

La scoliose est une déviation latérale de la colonne vertébrale, qui prend alors la forme d'un *S* ou d'un *C*. Cette déformation affecte également le thorax, l'abdomen et les zones paravertébrales. Non seulement elle peut avoir des conséquences importantes d'un point de vue esthétique, mais elle peut entraîner des douleurs, des rhumatismes chroniques et de l'insuffisance respiratoire. La scoliose se développe essentiellement pendant la période de croissance; les parents doivent donc se montrer vigilants et surveiller chez leurs enfants les premiers signes de déviation, car un dépistage précoce est essentiel.

Les sujets atteints de scoliose ressentent des douleurs au dos et une grande fatigabilité musculaire. Ils présentent également une anomalie morphologique, une dénivellation des épaules et une asymétrie de la taille.

La scoliose peut être d'origine congénitale ou provenir d'un déséquilibre musculaire; elle peut aussi apparaître à la suite de certaines maladies touchant la colonne vertébrale. Elle est le plus souvent idiopathique (dont les causes sont inconnues), mais elle peut compliquer des affections invalidantes (neurologiques ou neuromusculaires), risquant ainsi d'aggraver un handicap.

AROMATHÉRAPIE

Mélange énergétique

Oliban	3 gouttes
Camomille romaine	3 gouttes
Néroli	3 gouttes

Appliquer quelques gouttes du mélange sur le plexus solaire et sur le reste de la colonne vertébrale, prendre 13 profondes respirations et visualiser la colonne s'étirant et se fortifiant. Les huiles relâcheront les vieux stress et les vieilles colères, les tensions et les douleurs. Vous pouvez aussi faire l'exercice avec un partenaire ou une personne qui pratique la guérison par l'énergie (reiki).

KINÉSITHÉRAPIE

La kinésithérapie doit être entreprise le plus tôt possible pour tirer le meilleur avantage des possibilités offertes par la croissance osseuse. Les exercices posturaux correctifs associés à des levées de tensions des muscles raccourcis et un renforcement des

muscles allongés constitueront l'essentiel du traitement. Une prise de conscience de la déformation de la colonne vertébrale et de sa correction active s'ajouteront au traitement. Enfin des exercices correctifs enseignés en clinique et répétés à domicile devront conduire le patient à une prise en charge de sa pathologie et permettront de surveiller activement l'évolution de cette dernière.

Massothérapie

Le massothérapeute qualifié est en mesure d'apporter du soulagement aux personnes souffrant de scoliose. Dans un premier temps, le massothérapeute procédera à un massage suédois intramusculaire combiné à l'huile essentielle d'eucalyptus. Celle-ci est souvent associée aux problèmes respiratoires, mais on oublie qu'elle est aussi un excellent décongestionnant musculaire.

Après ce massage sédatif, le thérapeute enchaînera avec une élongation du squelette dans l'axe, en inclinant sa table de traitement de quelques degrés (le corps doit être positionné dans un axe penché, tout en demeurant stable). Le poids du patient et la gravité font tout le travail. Il est important de savoir que la massothérapie ne peut guérir la scoliose; elle ne peut que soulager l'inconfort que cause cette déformation.

Naturopathie

Une diète à forte teneur en calcium est nécessaire. Manger beaucoup de légumes frais, de graines et de yogourt. Éviter les sucres raffinés et la levure. Éviter aussi les noix, les asperges et les betteraves, car ces aliments contiennent de fortes doses d'acide oxalique, qui inhibe l'absorption du calcium.

Voici le traitement que propose la naturopathie:

- Bore (3 mg par jour): Facilite l'absorption du calcium.
- Calcium et magnésium (1 500 mg de calcium pour 500 mg de magnésium): Combinaison nécessaire à la reminéralisation des os.
- Vitamine D (400 UI à 600 UI par jour): Nécessaire au bon fonctionnement du métabolisme du calcium.
- Phosphore: Aide à la formation des dents et des os.
- *OSX Osteo Forte* de Genestra (2 ou 3 capsules par jour): Aide à la formation des os et des dents et stimule l'absorption du calcium.

Maux de l'ossature

Ostéoporose

L'ostéoporose est un mal qui a pour effet de diminuer la masse osseuse. Cette pathologie dégénérative du tissu osseux est étroitement liée au cycle de vie du squelette. Comme l'os est un tissu vivant, il se détruit et se reconstitue constamment. À l'état normal, il existe un équilibre entre ces deux fonctions. Quand une perturbation survient, on peut voir apparaître une forme de décalcification.

Les os étant plus fragiles, les risques de fracture augmentent sensiblement, particulièrement à la hanche, à la colonne vertébrale et au poignet. Cette dégénérescence occasionne également des douleurs et certaines déformations; la flexion avant devient pénible et il peut même y avoir une réduction de la taille de plusieurs centimètres.

L'ostéoporose apparaît souvent entre l'âge de dix et quinze ans, et après la ménopause naturelle ou chirurgicale. Elle existe également sous d'autres formes: l'ostéoporose sénile, qui frappe presque toutes les personnes âgées, et celle qui résulte d'une immobilisation prolongée, notamment chez certains paralytiques.

L'ostéoporose est devenue au fil des années un véritable problème de santé publique.

Homéopathie

Pour recalcifier le corps dans les cas d'ostéoporose, il est indiqué de prendre chaque jour en alternance le complexe *R 34* (10 gouttes 3 fois par jour) et du *Rexorubia* (également 3 fois par jour). La prise quotidienne de ces deux complexes apportera à l'organisme une meilleure absorption de tous les minéraux (*Rexorubia* est à proscrire chez les diabétiques).

Kinésithérapie

L'activité physique et les sollicitations liées à la pesanteur stimulant la densité osseuse, la rééducation sera axée sur une éducation physique avec apprentissage d'exercices musculaires en regard des zones osseuses à risques (colonne thoracique et lombaire, extrémité inférieure du radius et extrémité supérieure du fémur). La progression des exercices se fera en fonction de l'évolution de la densité de masse osseuse. Un travail de renforcement des automatismes d'équilibre sur les différentes

chaînes musculaires optimisera les capacités du patient à réagir ; il sera ainsi plus en mesure de prévenir les chutes et les éventuelles fractures qui en résulteraient.

MASSOTHÉRAPIE

Un massage doux et lent comme le massage californien permet d'activer les circulations sanguine et lymphatique, ce qui facilite la nutrition cellulaire du tissu osseux.

NATUROPATHIE

Une diète à forte teneur en calcium est nécessaire. Manger beaucoup de légumes frais, de graines et de yogourt. Éviter les sucres raffinés et la levure. Éviter aussi les noix, les asperges et les betteraves, car ces aliments contiennent de fortes doses d'acide oxalique, qui inhibe l'absorption du calcium.

Voici le traitement que propose la naturopathie :

- Bore (3 mg par jour) : Facilite l'absorption du calcium.
- Calcium et magnésium (1 500 mg de calcium pour 500 mg de magnésium) : Combinaison nécessaire à la reminéralisation des os.
- Vitamine D (400 UI à 600 UI par jour) : Nécessaire au bon fonctionnement du métabolisme du calcium.
- Phosphore : Aide à la formation des dents et des os.
- *OSX Osteo Forte* de Genestra (2 ou 3 capsules par jour) : Aide à la formation des os et des dents et stimule l'absorption du calcium.
- *TCO Collagenol Forte* de Genestra (1 capsule par jour) : Aide au maintien de l'élasticité de la peau et diminue la douleur.

Maux de l'ossature

Arthrite

L'arthrite est une maladie inflammatoire des articulations qui touche près de quatre millions de Canadiens. Elle se présente sous plus de 115 formes différentes et frappe surtout les femmes de plus de 45 ans. Elle est responsable, entre autres, de l'inflammation de la membrane synoviale de l'articulation et peut conduire à une perte de mobilité, voire à l'invalidité.

L'arthrite occasionne principalement des douleurs et des raideurs matinales. S'ajoutent à cela la sensibilité, le gonflement et la déformation d'une ou de plusieurs articulations. Ces douleurs peuvent s'accompagner de rigidité du cou, du bas du dos, des genoux ou d'autres articulations.

Les causes de l'arthrite sont encore obscures. Les chercheurs croient qu'elle est associée à certains gènes, mais ils soupçonnent aussi certains virus et certaines bactéries. L'obésité, l'hérédité et les traumatismes sont également des facteurs de risque non négligeables, tout comme certaines maladies sexuelles.

Aromathérapie

Mélange à usage externe

Épinette noire	6 gouttes
Pin sylvestre	6 gouttes
Verge d'or	4 gouttes
Menthe poivrée	4 gouttes

Diluer les huiles dans une cuillerée à table d'huile végétale ou de millepertuis et appliquer au besoin.

Homéopathie

Les douleurs arthritiques connaissent souvent un soulagement rapide grâce à la prise en alternance du complexe *L 80* (10 gouttes 3 fois par jour) et de 3 c. à soupe d'*Urarthone*. La crème homéopathique *R 61* apportera souvent un soulagement complémentaire. Cependant pour un traitement en profondeur, il est important de consulter un homéopathe.

Kinésithérapie

La kinésithérapie a pour but de limiter les conséquences fonctionnelles des poussées inflammatoires.

En phase inflammatoire, la kinésithérapie se limitera à encourager la mise au repos et l'application de glace. Le massage et la gymnastique seront contre-indiqués à ce stade.

Par contre, en dehors des poussées inflammatoires, la kinésithérapie cherchera à entretenir la trophicité (nutrition cellulaire) par des massages-mobilisations, en respectant les structures lésées. Par des exercices de stabilisation musculaire en position corrigée, des postures *a minima*, une réharmonisation des chaînes musculaires et une éducation de l'économie du geste, on cherchera à limiter au mieux l'évolution de la pathologie, principalement des déformations irréversibles, source de douleurs et de gêne fonctionnelle importantes.

Remarque : Dans de nombreuses pathologies arthritiques, le caractère évolutif et réactionnel (terrain très sensible aux agressions mécaniques) conduira le kinésithérapeute à une rééducation bien dosée pour préserver l'articulation.

MASSOTHÉRAPIE

Dans ce cas-ci, il faut calmer et soulager l'inflammation. Pour atteindre ce but, le massothérapeute applique les techniques du massage californien et du massage suédois intramusculaire ou encore une combinaison de ces deux techniques. L'ajout de rubéfiant aux techniques de massage aide grandement à soulager la douleur.

Des bains d'algues ou de limon marin sont également recommandés, sauf pour les personnes souffrant d'hyperthyroïdie.

NATUROPATHIE

Suivre une diète riche en légumes frais. Manger beaucoup d'ananas frais : les ananas contiennent de la broméline, une enzyme qui aide à la réduction de l'inflammation. Boire beaucoup d'eau. Éviter les gras et les fritures, la viande rouge et les produits laitiers.

Voici le traitement que propose la naturopathie :

- Multivitamines et multiminéraux.
- Broméline (400 mg 3 fois par jour) : Action anti-inflammatoire.
- Huile de bourrache ou de primerose (1 000 mg 2 fois par jour) : Ces huiles augmentent la production de prostaglandine anti-inflammatoire.
- Glucosamine (500 mg 3 fois par jour) : Aide à la réparation du cartilage et protège la bourse.
- Acide pantothénique (100 mg à 250 mg 2 fois par jour) : Aide à réduire la douleur et à augmenter la souplesse des articulations.
- Vitamine E (400 UI 2 fois par jour) : Oxygénation des cellules.

Maux de l'ossature

Arthrose

Contrairement à l'arthrite, qui est une maladie inflammatoire, l'arthrose, aussi nommée arthropathie chronique dégénérative, est la conséquence de l'usure et de la détérioration du cartilage interosseux. En l'absence de traitement, ce cartilage s'effrite et finit par disparaître complètement. Les os frottent alors les uns sur les autres et entraînent la formation d'excroissances osseuses qui nuisent aux mouvements des articulations et des tendons adjacents. L'arthrose frappe principalement les femmes obèses.

Les symptômes de l'arthrose se traduisent par des douleurs articulaires inhabituelles ou persistantes, et par la sensibilité ou le gonflement d'une articulation. Les douleurs se manifestent surtout en fin de journée; elles sont parfois intenses et réduisent l'amplitude des mouvements.

Les symptômes de l'arthrose évoluent lentement et ses principales causes sont l'usage répété ou mécanique des articulations, l'obésité et les mauvaises postures. Il arrive fréquemment que des facteurs héréditaires contribuent à l'usure prématurée du cartilage.

AROMATHÉRAPIE

Mélange à usage externe

Épinette noire	6 gouttes
Pin sylvestre	6 gouttes
Cyprès	4 gouttes
Thé des bois	4 gouttes

Appliquer 1 à 3 gouttes directement sur la région affectée. Répéter au besoin.

HOMÉOPATHIE

Les meilleurs résultats sont obtenus en prenant en alternance, 3 fois par jour chacun, le complexe *R 73* et le complexe *Urarthone*. Le *R 73* se prend à raison de 10 gouttes chaque fois. L'*Urarthone* se prend à raison de 1 c. à soupe avant les repas. Pour traiter le terrain et aller au fond des choses, il est conseillé de consulter un homéopathe.

Kinésithérapie

L'arthrose étant de caractère moins « explosif » que l'arthrite, son traitement, bien qu'il suive sensiblement les mêmes lignes directrices, s'en trouve facilité.

À noter : Dans les deux cas, la participation du patient est essentielle ; il devra être l'acteur de son propre traitement. Le rôle éducatif du thérapeute devient par conséquent primordial.

Massothérapie

Tout comme pour l'ostéoporose, le massothérapeute peut procéder à un massage doux et léger visant à favoriser la circulation sanguine, ce qui permet une meilleure nutrition du tissu osseux.

Naturopathie

Suivre une diète riche en légumes frais. Manger beaucoup d'ananas frais. Les ananas contiennent de la broméline, une enzyme qui aide à la réduction de l'inflammation. Boire beaucoup d'eau. Éviter les gras et les fritures, la viande rouge et les produits laitiers.

Voici le traitement que propose la naturopathie :

- Multivitamines et multiminéraux.
- Broméline (400 mg 3 fois par jour) :
  Action anti-inflammatoire.
- Huile de bourrache ou de primerose (1 000 mg 2 fois par jour) : Ces huiles augmentent la production de prostaglandine anti-inflammatoire.
- Glucosamine (500 mg 3 fois par jour) : Aide à la réparation du cartilage et protège la bourse.
- Acide pantothénique (100 mg à 250 mg 2 fois par jour) : Aide à réduire la douleur et à augmenter la souplesse des articulations.
- Vitamine E (400 UI 2 fois par jour) : Utile à l'oxygénation des cellules.

CHAPITRE 5

Allergies

Allergies

Rhume des foins

Le rhume des foins, un des maux les plus répandus, est une allergie respiratoire consécutive à une sensibilisation au pollen. C'est une maladie printanière et surtout estivale reliée à la présence dans l'air des pollens de plantes, d'arbustes et d'arbres. La période qui s'étend de juillet à septembre est donc la plus intense. Le rhume des foins touche particulièrement les jeunes adultes et tend à s'atténuer avec l'âge.

Le rhume des foins débute toujours à la même période de l'année pour les mêmes personnes. Les symptômes apparaissent brusquement: irritation oculaire, larmoiements, éternuements violents, écoulement nasal clair et abondant. À cela s'ajoutent une certaine gêne respiratoire, une sensation de tension dans les sinus, des maux de tête, des bourdonnements d'oreilles et parfois des picotements pharyngés.

Comme pour toutes les allergies, les causes peuvent en être héréditaires, mais dans le cas du rhume des foins, il s'agit le plus souvent de la pénétration dans l'organisme d'une substance étrangère que l'on nomme « allergène ». L'organisme réagit à cette substance en produisant à son tour de la réagine. C'est la rencontre de ces deux substances qui produit les phénomènes d'allergie.

Aromathérapie

Mélange nº 1, à usage interne

Estragon	3 gouttes
Tanaisie annuelle	3 gouttes

Mélanger et prendre 2 gouttes sous la langue 3 fois par jour.

Mélange nº 2, à usage externe

Épinette noire	10 gouttes
Eucalyptus	10 gouttes

Commencer le traitement 2 semaines avant le début de la saison des allergies. Appliquer 10 gouttes aux pieds, au dos et à la poitrine 2 fois par jour. Répéter quotidiennement pendant toute la saison.

Pour soulager les symptômes pendant la journée: Remèdes à usage externe

Épinette blanche 4 gouttes

Appliquer 2 gouttes d'huile sur le dessus de chaque pied pour soulager les yeux irrités, le nez qui coule et la gorge qui pique.

Aussi

Hydrolat de camomille allemande

Imbiber des tampons de coton et les placer sur les yeux pendant 10 minutes.

HOMÉOPATHIE

L'une des cures les plus efficaces contre les allergies est la cure *Pollen totale* d'Homeocan. Ce traitement est constitué de six tubes de différentes substances qui, tout au cours du traitement, renforcent le système de défense et font disparaître les symptômes des allergies. Le mode d'emploi est inclus dans l'emballage.

NATUROPATHIE

Éliminer tout aliment pouvant causer une intolérance, tels les produits laitiers, pour une période de deux semaines. Cela vous permettra de reconnaître l'intolérance. Éviter les sucres raffinés, la caféine, l'alcool et la nicotine, car ils infligent un stress additionnel au système immunitaire.

Voici le traitement que propose la naturopathie:

- Acidophilus ou autre produit probiotique: Aident à maintenir la flore intestinale et facilitent le processus de la digestion.
- Huile de lin, de bourrache ou de primerose: Contiennent de l'acide linoléique qui possède des propriétés anti-inflammatoires et anti-allergènes.
- Complexe de vitamine B (50 mg 2 fois par jour): Appuie les fonctions de la glande médullosurrénale, fonctions indispensables au contrôle des allergies.

Allergies

- Extrait de glandes surrénales tel *TIM* de Genestra : Soutient le système immunitaire.
- Échinacée et extrait de verge d'or (1 ou 2 capsules par jour) : Cette combinaison soutient le système immunitaire et aide à désintoxiquer le foie.
- Ail : Aide à purifier le sang et réduit la sensibilité aux allergies.

Urticaire

L'urticaire est une allergie cutanée qui se déclare brusquement. Elle se caractérise par des démangeaisons et des éruptions cutanées. Les démangeaisons, qui se manifestent habituellement en premier, sont souvent intenses. Les éruptions ont l'apparence de piqûres de coloration rose clair dont le centre est souvent blanchâtre. Leur taille peut varier de la grosseur d'un petit bouton à une plaque de plusieurs centimètres. Ces éruptions ont une activité cyclique, c'est-à-dire qu'elles se manifestent plus brutalement le soir et tendent à disparaître le matin.

L'urticaire se répand de façon variable et peut produire de l'enflure, notamment des paupières; le gonflement des muqueuses peut gêner la parole, la déglutition et même la respiration. Les éruptions sont parfois accompagnées d'une légère fièvre, de courbatures et de douleurs articulaires. Soulignons que l'urticaire peut prendre divers autres aspects: plaques, vésicules, bulles, etc.

Cette réaction est souvent consécutive à une allergie alimentaire (fraises, œufs, crustacés, etc.) ou médicamenteuse. Toutefois, certains virus et venins ainsi que certaines maladies dites « systémiques » (comme le lupus) peuvent également déclencher une crise d'urticaire.

Aromathérapie

Mélange nº 1, à usage externe

Hydrolat de camomille allemande	30 ml
Hydrolat d'achillée millefeuille	30 ml
Hydrolat d'hamamélis	30 ml

Avec un pulvérisateur ou du coton imbibé du mélange d'hydrolats, humecter la zone affectée. Répéter fréquemment. Utiliser aussi des compresses de coton imbibées du mélange et laisser en place durant la nuit.

Mélange nº 2, à usage externe

Mélaleuque	5 gouttes
Lavande	10 gouttes

Appliquer directement le mélange d'huiles sur les zones affectées. Le traitement peut être suivi d'une compresse du

mélange n° 1. Dans le cas d'enfants ou de personnes à peau sensible, diluer le mélange dans de l'huile de noix de coco.

HOMÉOPATHIE

On peut donner en alternance *Urtica urens* et *Apis* en 9CH 3 fois par jour. Cependant, l'atteinte de résultats durables – la fin de ces crises où l'on s'arrache la peau – nécessite une désintoxication de l'organisme. C'est là qu'intervient un traitement avec *Dépuratum* (3 gélules par jour avant les repas) et le *L 88* (10 gouttes 3 fois par jour).

NATUROPATHIE

Éviter l'alcool et les produits laitiers.

Voici le traitement que propose la naturopathie :

- Crème de calendule ou crème *Rescue* de Bach sur les régions affectées.
- Bains dans une eau tiède additionnée de bicarbonate de soude.
- Tonique Alfalfa : La luzerne purifie le sang et réduit les réactions cutanées.
- Multivitamines et multiminéraux.
- Complexe de vitamine B (50 mg 1 fois par jour) : Nécessaire au maintien du système nerveux central.
- Vitamine B12 (2 000 mcg par jour) : Prévient les dommages nerveux et accélère la guérison cutanée.

Eczéma

Parmi toutes les maladies de peau, l'eczéma est la plus répandue. De nature inflammatoire, il se caractérise par des rougeurs et des vésicules. Il trouve souvent son origine dans une allergie, qu'elle soit alimentaire ou par simple contact cutané.

L'eczéma débute par un érythème accompagné de vives démangeaisons ; puis, apparaissent des vésicules suintantes de la grosseur d'une tête d'épingle. Par la suite, celles-ci se dessèchent et se couvrent d'une croûte. Dans la plupart des cas, la peau s'épaissit et se desquame.

Chez les enfants, l'eczéma se loge souvent dans les plis des coudes, à l'arrière des genoux et à l'intérieur des mains ; les adultes sont plus fréquemment atteints à la nuque, aux chevilles, aux pieds et aux mains.

Comme dans tous les cas de maladies allergiques, il faut procéder à un test cutané pour en déterminer les causes. L'eczéma peut aussi être dû à des facteurs héréditaires.

Aromathérapie

Mélange n° 1, à usage externe

Hydrolat d'achillée millefeuille	30 ml
Hydrolat d'hamamélis	30 ml

Vaporiser fréquemment la zone affectée et enchaîner avec le mélange n° 2.

Mélange n° 2, à usage externe

Benjoin	3 gouttes
Achillée millefeuille	5 gouttes
Lavandin	10 gouttes
Géranium	7 gouttes
Huile de noix de coco	1 c. à table
Germe de blé	1/2 c. à table

Appliquer le mélange sur la peau après l'avoir vaporisée d'hydrolats. Répéter au besoin.

Allergies

Homéopathie

Consulter un homéopathe.

Naturopathie

Adopter une diète riche en légumes frais et à forte teneur en vitamine A. Éviter les fritures et les aliments acides. Éviter le stress.

Voici le traitement que propose la naturopathie:

- Huile de primerose (1 000 mg 3 fois par jour): Réduit l'inflammation.
- Vitamine E (400 UI 2 fois par jour): Antioxydant, aide à la réparation des tissus de la peau.
- Sélénium (100 mcg 1 fois par jour): Prépare le système à mieux assimiler la vitamine E.
- Zinc (50 mg 1 fois par jour): Soutient le système immunitaire. Aide à la cicatrisation des tissus.
- *Execalm* de Herba Santé, crème topique d'émeu.

Conjonctivite

La conjonctive est la muqueuse tapissant la surface du globe oculaire et la face postérieure des paupières Elle est très fréquemment le siège de réactions allergiques. Voici les principaux types de conjonctivites allergiques : la conjonctivite allergique saisonnière (CAS), la kératoconjonctivite printanière (KCP), la conjonctivite à papilles géantes (CPG) et la kératoconjonctivite allergique (KCA).

La conjonctivite débute par une sensation de cuisson et de démangeaison, suivie d'un abondant larmoiement. Les yeux rougissent et les paupières se gonflent. Ces symptômes sont souvent accompagnés d'un écoulement nasal et parfois même d'une gêne respiratoire. Dans certains cas, on peut observer des signes d'eczéma sur les paupières.

Les conjonctivites peuvent aussi être causées par un virus ou une bactérie. Dans ce cas, elles se transmettent très facilement.

Aromathérapie

Remède à usage externe

Hydrolat de camomille allemande

Tremper 2 tampons de coton dans l'hydrolat et les placer sur les yeux pendant 10 minutes *ou* mettre 2 ou 3 gouttes d'hydrolat dans chaque œil.

Homéopathie

Le remède homéopathique le plus souvent prescrit pour les conjonctivites est *Euphrasia* qu'on prendra en dilution de 9CH 3 fois par jour. Rapidement, la rougeur et les douleurs aux yeux s'atténueront. Pour des résultats encore plus sûrs et rapides, compléter la prescription avec le complexe *L 115* à raison de 10 gouttes 3 fois par jour.

Allergies

Naturopathie

Voici le traitement proposé :

- Compresses de tisane de camomille ou de fenouil plusieurs fois par jour.
- Application de pomme de terre râpée sur la paupière (comme astringent et pour réduire l'inflammation).
- Vitamine A ou bêta-carotène 100 000 UI pendant le premier mois ; réduire à 25 000 UI pendant 2 semaines et finir avec 10 000 UI.
- Pastille de zinc (50 mg par jour) : Soutient le système immunitaire.
- Gouttes *Euphrasia* de Genestra : Appliquer deux ou trois fois par jour.

Piqûres d'abeilles

Les individus réagissent de différentes façons aux piqûres d'abeilles. Pour certains, elles seront banales et pour d'autres, fatales. Les piqûres d'abeilles, comme toutes les morsures d'insectes, causent de petites blessures cutanées, des plaies étroites et de petite dimension. Ces marques sont dues aux crochets et aux dards que les insectes plantent dans l'épiderme en y injectant des substances venimeuses. S'il est possible de soigner une réaction légère, il est préférable de consulter un médecin lorsqu'elle devient intense et généralisée.

Les piqûres s'accompagnent généralement d'une vive douleur suivie d'œdème, de rougeur et de démangeaison. Si l'œdème s'étend à tout le membre, il peut s'ensuivre une réaction généralisée : étourdissements, sensation de malaise général, gêne respiratoire et chute de tension artérielle. Dans une telle situation, le recours à une aide médicale s'impose.

En effet, les abeilles, les guêpes et les frelons sécrètent un venin qu'ils inoculent avec leur dard et qui peut entraîner un choc anaphylactique mortel. On observe même que, si après de nombreuses années, certains apiculteurs sont immunisés contre le venin des abeilles, cet état n'est pas irréversible.

AROMATHÉRAPIE

Mélange à usage externe

Menthe poivrée	2 gouttes
Bicarbonate de soude	1 c. à table
Hydrolat d'hamamélis	assez pour faire une pâte

Mélanger les ingrédients pour faire une pâte et appliquer sur les piqûres. De l'argile blanche peut être utilisée pour remplacer en totalité ou en partie le bicarbonate.

Allergies

HOMÉOPATHIE

Pour les piqûres d'abeilles on prendra *Ledum* 9CH à raison de 3 granules toutes les 5 minutes. De plus, la prise de *Ledum* est un moyen très efficace de prévenir les piqûres de moustiques.

NATUROPATHIE

Voici le traitement proposé :

- Teinture mère de plantain : Appliquer directement sur la région affectée.
- Mélange d'eau, de bicarbonate de soude et d'enzyme de papaye : Appliquer en cataplasme sur la piqûre.
- Charbon végétal (1 capsule) : Mélanger le charbon de la capsule et une goutte d'eau ; imbiber un tampon d'ouate de ce mélange et l'appliquer sur la piqûre.
- Mettre immédiatement de la glace sur la piqûre.

Poussière et acariens

La poussière est un allergène qui contient des éléments d'origine animale, végétale ou minérale, ainsi que des débris d'acariens microscopiques. La présence d'acariens n'est nullement synonyme d'une maison mal entretenue ; les acariens sont les hôtes naturels de notre environnement et ne posent généralement aucun problème. Toutefois, l'individu qui est sensible à ces différents agents réagit d'une façon anormale en produisant des anticorps qui déclenchent à leur tour de l'inflammation.

L'allergie à la poussière peut survenir à tout moment, mais elle semble plus intense l'hiver et elle produit sensiblement les mêmes symptômes que les autres types d'allergies : larmoiements, éternuements, démangeaisons et congestion nasale. On peut également observer, dans certains cas, une éruption cutanée.

L'hérédité joue un rôle important dans le développement des allergies. Lorsque deux ascendants sont allergiques, il y a trois chances sur quatre que l'enfant le soit lui-même. Pour qu'une allergie survienne, il faut tout d'abord un terrain génétique particulier, puis le contact avec l'allergène (dans ce cas-ci, la poussière).

Aromathérapie

Mélange n° 1, à usage interne

Estragon	3 gouttes
Niaouli viridiflorol	3 gouttes

Mélanger et prendre 2 gouttes sous la langue 3 fois par jour ou mettre 2 gouttes sur une pastille de zinc et la laisser se dissoudre dans la bouche.

Mélange n° 2, à usage externe

Épinette noire	10 gouttes
Eucalyptus radiata	10 gouttes

Commencer le traitement 2 semaines avant le début de la saison des allergies. Appliquer 10 gouttes aux pieds, au dos et à la poitrine 2 fois par jour. Répéter quotidiennement pendant toute la saison.

Allergies

Homéopathie

Les allergies à la poussière et aux acariens peuvent être soulagées par la prise d'*Histaminum* en doses de 9, de 15 et de 30CH. Il faut prendre les 3 petits tubes (qu'on appelle tubes doses) à intervalles de trois jours.

Naturopathie

Voici le traitement proposé:

- Boire beaucoup d'eau afin de liquéfier les sécrétions.
- Pollen d'abeille (commencer par quelques granules et augmenter jusqu'à 2 c. à thé par jour): Bâtit le système immunitaire.
- *Thym* de Genestra (1 à 2 comprimés par jour): Extrait de thymus, joue un rôle important dans l'immunisation contre certaines maladies. Favorise la croissance du système immunitaire.
- Acidophilus: Préserve la flore intestinale.
- Vitamine C (1 000 mg par jour): Anti-inflammatoire.

Squames d'animaux

On observe dans tous les pays que la fréquence des maladies allergiques a augmenté de façon significative. Le fait de garder des animaux à l'intérieur, plutôt qu'à l'extérieur comme on le fait à la campagne, n'est sans doute pas étranger à ce phénomène.

Les allergies aux squames d'animaux se développent plutôt lentement. Par exemple, chez un enfant allergique au chat, ce délai peut s'étendre de six mois à quatre ans, alors qu'il se prolongera davantage dans le cas d'une allergie au chien. Étrangement, des contacts occasionnels favoriseraient plus l'apparition des symptômes qu'une cohabitation prolongée. La sensibilisation se fera plus facilement si l'environnement contient beaucoup de squames et de poils d'animaux.

Les signes les plus courants de cette allergie sont des larmoiements, des éternuements, une irritation des yeux et un écoulement nasal. Dans des cas plus graves, on observera de l'urticaire, une crise d'asthme et même un œdème de Quincke. Un ou plusieurs de ces symptômes peuvent se manifester simultanément.

Les allergènes du chat sont particulièrement puissants. En se léchant, le chat dépose sur ses poils une glycoprotéine très allergisante. Cet allergène, qui est aussi présent dans la poussière, peut perdurer jusqu'à six mois après le départ de l'animal. Dans le cas du chien, ce sont les squames qui causent les réactions allergiques. Il semble que, chez les enfants, le chien soit moins sensibilisateur que le chat (5 %, contre 25 % pour le chat).

Aromathérapie

Mélange à usage externe

Épinette blanche	4 gouttes
Lavande	3 gouttes

Étendre au besoin les 7 gouttes sur les pieds, le plexus solaire, les poignets et la colonne.

Allergies

HOMÉOPATHIE

Tout comme pour les allergies à la poussière ou aux acariens, la prise d'*Histaminum* en doses de 9, de 15 et de 30CH apportera un soulagement. À noter aussi que le complexe *R 84* renforce les défenses du corps et permet une immunisation qui réduira considérablement les symptômes de telles allergies.

NATUROPATHIE

Voici le traitement proposé :

- Boire beaucoup d'eau afin de liquéfier les sécrétions.
- Pollen d'abeille (commencer par quelques granules et augmenter jusqu'à 2 c. à thé par jour) : Bâtit le système immunitaire.
- *Thym* de Genestra (1 à 2 comprimés par jour) : Extrait de thymus, joue un rôle important dans l'immunisation contre certaines maladies. Favorise la croissance du système immunitaire.
- Acidophilus : Préserve la flore intestinale.
- Vitamine C (1 000 mg par jour) : Anti-inflammatoire.
- Gouttes *Euphrasia* de Genestra (3 ou 4 fois par jour).
- *Pulmoherbe* de Souris verte ou les gouttes *HLU* de Genestra : En cas de difficulté à respirer, ces gouttes aident à déloger le mucus et facilitent le travail des poumons.

Moisissures

Parmi les nombreuses moisissures connues, 20 ou 30 produiraient des réactions allergiques. Les moisissures sont de petites particules qui flottent dans l'air et qui ont tendance à croître sur les murs des maisons humides et sur certains aliments comme le pain et le fromage. En fait, elles se développent partout où le taux d'humidité est élevé. Les pièces sombres, mal ventilées et humides sont donc particulièrement propices à la formation de moisissures.

Les réactions allergiques à ces substances atteignent leur apogée à la fin de l'été et au début de l'automne, surtout par temps chaud et humide. Leurs principaux symptômes sont l'asthme, la rhinite, l'urticaire, la toux, les éruptions cutanées ainsi que divers troubles gastro-intestinaux (vomissements, diarrhée, etc.). Il est à noter que l'ingestion d'aliments porteurs de moisissures peut provoquer un choc anaphylactique. Il convient donc d'être vigilant.

Comme dans tous les cas d'allergies, ces symptômes peuvent apparaître à la suite de l'inhalation ou de l'ingestion de l'allergène. Le contact direct, par exemple avec des feuilles en décomposition lors d'une promenade en forêt, peut également les déclencher.

AROMATHÉRAPIE

Mélange n° 1, à usage externe

Épinette blanche	4 gouttes
Épinette noire	3 gouttes

Étendre au besoin les 7 gouttes sur les pieds, le plexus solaire, les poignets et la colonne.

Mélange n° 2, pour l'entretien ménager

Mélaleuque	20 gouttes
Clou de girofle	10 gouttes
Cannelle feuille	10 gouttes
Orange	10 gouttes
Alcool ou vodka	2 c. à table
Eau	100 ml

Allergies

Mélanger tous les ingrédients dans une bouteille avec vaporisateur. Vaporiser fréquemment dans l'air et sur les surfaces pour tuer les moisissures.

HOMÉOPATHIE

Tout comme pour les allergies à la poussière ou aux acariens, la prise d'*Histaminum* en doses de 9, de 15 et de 30CH apportera un soulagement. À noter aussi que le complexe *R 84* renforce les défenses du corps et permet une immunisation qui réduira considérablement les symptômes de telles allergies.

NATUROPATHIE

Voici le traitement proposé :

- Boire beaucoup d'eau afin de liquéfier les sécrétions.
- Pollen d'abeille (commencer par quelques granules et augmenter jusqu'à 2 c. à thé par jour) : Bâtit le système immunitaire.
- *Thym* de Genestra (1 à 2 comprimés par jour) : Extrait de thymus, joue un rôle important dans l'immunisation contre certaines maladies. Favorise la croissance du système immunitaire.
- Acidophilus : Préserve la flore intestinale.
- Vitamine C (1 000 mg par jour) : Anti-inflammatoire.

Soleil

Aussi appelée lucite estivale bénigne, l'allergie au soleil est plus répandue qu'on ne le croit. Cette allergie se manifeste, aussi bien l'hiver que l'été, par l'apparition de petits boutons sur les parties exposées au soleil (le plus souvent sur le décolleté, les épaules, les bras et, plus rarement, le visage). Elle touche particulièrement les jeunes femmes entre 15 et 35 ans qui s'exposent au soleil de façon intense et prolongée. L'éruption dure environ six jours et disparaît d'elle-même dès un retour à l'ombre. Malheureusement, on observe que ce phénomène récidive tous les ans.

La lucite estivale bénigne provoque l'éruption de petits boutons qui démangent, ainsi que de vésicules ou de papules. Non seulement ces éruptions sont peu esthétiques, mais elles peuvent provoquer des démangeaisons importantes.

Certains spécialistes croient que l'utilisation d'écrans solaires pourrait également contribuer au déclenchement de l'allergie. En effet, ceux-ci filtrent les rayons UVB qui provoquent les coups de soleil, mais laissent passer en partie les rayons UVA, causes de la lucite estivale bénigne. Se croyant protégés, les gens ont alors tendance à abuser des bains de soleil.

Aromathérapie

Mélange à usage externe

Hydrolat de camomille romaine	1 c. à table
Hydrolat de lavande	1 c. à table
Lavande	4 gouttes

Appliquer en compresse sur les zones affectées. Laisser en place une quinzaine de minutes. Répéter au moins 5 fois ou jusqu'à ce que la douleur ait diminué.

Homéopathie

Dans les cas d'intolérance au soleil, on prend *Natrum muriaticum* 9CH, 3 granules 3 fois par jour. Non seulement ce remède réduira les problèmes de peau, mais il diminuera certains symptômes accompagnant souvent ceux-ci, soit les

maux de tête et la fatigue. Ce remède est particulièrement indiqué lorsque ces symptômes surviennent à la mer.

Naturopathie

Toujours appliquer une crème solaire.

Voici le traitement proposé:

- Boire beaucoup d'eau afin de liquéfier les sécrétions.
- Pollen d'abeille (commencer par quelques granules et augmenter jusqu'à 2 c. à thé par jour): Bâtit le système immunitaire.
- *Thym* de Genestra (1 à 2 comprimés par jour): Extrait de thymus, joue un rôle important dans l'immunisation contre certaines maladies. Favorise la croissance du système immunitaire.
- Acidophilus: Préserve la flore intestinale.
- Vitamine C (1 000 mg par jour): Anti-inflammatoire.
- Crème de calendule ou crème *Rescue* de Bach: Très efficaces pour atténuer les démangeaisons.
- Cataplasmes d'eau et de bicarbonate de soude: En cas d'éruption cutanée, appliquer sur les endroits affectés.

CHAPITRE 6

Autres petits maux fréquents

Engelures

Par temps froid, la peau mal couverte ou mal protégée risque de geler rapidement. La lésion inflammatoire provoquée par le froid affecte surtout les doigts, les orteils, le nez, les oreilles et les talons, car la circulation n'y est assurée que par de petits vaisseaux qui se contractent rapidement à basse température.

Sous l'influence du froid, la peau devient rouge et enflée, et si l'exposition se prolonge, elle peut devenir blanche et luisante. Ces symptômes sont accompagnés de démangeaisons, de picotements au moment du réchauffement et parfois même d'une perte de sensation.

Les causes profondes de l'engelure sont multiples : troubles circulatoires, endocriniens, neurovégétatifs ; carence alimentaire combinée à un froid intense prolongé ou à un froid humide parfois modéré. Le vent et la pluie peuvent également augmenter les risques d'engelure.

À noter qu'une partie du corps qui a déjà eu une engelure est plus susceptible de geler à nouveau.

Aromathérapie

Mélange à usage externe

Hydrolat de menthe poivrée	1/2 c. à table
Hydrolat de lavande	1 c. à table

Ajouter les hydrolats à 2 tasses d'eau à la température de la pièce, tremper les parties affectées. S'il s'agit d'engelures importantes, envelopper les parties affectées dans un linge imbibé d'hydrolats non dilués. Ne pas utiliser d'eau chaude.

Homéopathie

Le remède le plus populaire contre les engelures se nomme *Agaricus*. On le prend en 9CH à raison de 3 granules toutes les 15 minutes. Comme pour tous les remèdes homéopathiques, on espacera la fréquence de la prise du remède au fur et à mesure que les symptômes diminueront.

Autres petits maux fréquents

NATUROPATHIE

Il est important de réchauffer le corps le plus tôt possible. Prendre un bain d'eau tiède. S'il y a des gerçures, appliquer de l'aloès pur ou en gel apaisant sur les plaies.

Boire des tisanes de gingembre et de cayenne pour réchauffer le corps. Boire beaucoup de liquide afin de le réhydrater.

Prendre un complexe de vitamine B sous forme liquide, pour en faciliter l'absorption. La vitamine B aide à stimuler la circulation.

Verrues

Les verrues sont des tumeurs bénignes de la peau, surtout présentes sur le visage et les mains, et qui ont la forme de petites excroissances de chair. Elles se transmettent par contact direct ou indirect et peuvent revêtir plusieurs aspects. Si on ne les détruit pas, elles peuvent persister et se multiplier pendant plusieurs années.

Ces petites tumeurs cornées, sèches et grisâtres apparaissent surtout sur les doigts, autour des ongles ou sur la paume des mains. Elles s'agrémentent parfois de petits points noirs qui sont en fait de petits vaisseaux sanguins ayant coagulé sous l'effet du développement rapide de la verrue.

Quant aux verrues plantaires, comme leur nom l'indique, elles apparaissent sur la plante des pieds de manière isolée ou en mosaïque.

Les verrues sont d'origine virale et surviennent surtout chez les enfants d'âge scolaire. On sait que la transpiration favorise l'apparition des verrues plantaires et que la contamination se fait habituellement par le contact des pieds avec le plancher des piscines, des douches, des vestiaires, des gymnases, etc. Les verrues se transmettent plus facilement à la peau abrasée ou lésée.

Aromathérapie

Remède à usage externe

Thuya	1 goutte

Appliquer la goutte directement sur la verrue. Répéter 3 fois par jour pendant une semaine. Si aucun changement n'est observé au bout de ces 7 jours, consulter un aromathérapeute. Il est bon de faire ce traitement en conjugaison avec des traitements aux herbes.

Autres petits maux fréquents

HOMÉOPATHIE

On doit d'abord consulter un homéopathe pour qu'il examine le terrain et le nettoie.

NATUROPATHIE

Il existe une substance dans la pelure de banane qui aide à l'élimination des verrues. Prendre un petit morceau de pelure et l'appliquer sur la verrue. Le tenir en place à l'aide d'un pansement pour verrues. Changer le pansement 2 fois par jour pendant 2 semaines ou jusqu'à ce que la verrue disparaisse.

Faire un cataplasme de bicarbonate de soude et d'huile de ricin. Appliquer tous les soirs jusqu'à ce que la verrue disparaisse.

Autres petits maux fréquents

Acné

L'acné est une maladie de la peau qui atteint près de 85 % de tous les adolescents, toutes races confondues. L'acné juvénile affecte surtout les garçons de 13 à 20 ans, mais aussi les personnes qui ont une peau grasse et les femmes dans les jours précédant leurs règles. Malgré ses nombreux désagréments, l'acné est une maladie bénigne pour laquelle on dispose de plusieurs traitements efficaces.

Des points noirs (comédons) ainsi que des boutons rouges douloureux et des pustules apparaissent à la surface de la peau du visage, du cou et du dos. On observe parfois la formation de croûtes et de lésions cicatricielles. Ces symptômes s'accompagnent souvent de rougeurs et de signes d'inflammation, avec ou sans kystes.

Étroitement liée à la puberté, l'acné est due avant tout à un excès de sébum, une substance sécrétée par les glandes sébacées. Celui-ci obstrue par la suite les pores de la peau préalablement contaminés par des bactéries. À noter que certaines pilules contraceptives peuvent également aggraver les cas d'acné.

Aromathérapie

Mélange nº 1, à usage interne

Hydrolat de menthe poivrée	1 c. à table
Menthe poivrée	1 goutte

Mélanger l'huile et l'hydrolat dans un petit verre d'eau chaude et boire tous les matins pendant 3 semaines.

Mélange nº 2, à usage externe

Mélaleuque	1 goutte
Géranium	1 goutte
Palmarosa	1 goutte
Hydrolat de lavande	1 c. à thé

Après avoir nettoyé la peau, imbiber un tampon de coton avec l'hydrolat, mettre les huiles sur le coton humide et traiter les zones affectées. Répéter 2 fois par jour.

Homéopathie

On doit d'abord consulter un homéopathe pour qu'il examine le terrain et le nettoie.

Kinésithérapie

Des études récentes ont démontré qu'un abord physique par le massage sur les zones touchées avait un effet favorable sur l'évolution de cette maladie. Par des manœuvres avant tout hygiéniques – nettoyage de la peau – et mécaniques – mobilisation des différents plans, cutané et sous-cutané – le massage lutte contre l'asphyxie locale. Des manœuvres plus spécifiques de mobilisation tissulaire cherchent à travailler les tissus infiltrés et cicatriciels.

La gymnastique faciale peut, associée au massage, aider à tonifier certaines zones. Bien sûr les mesures d'hygiène sont primordiales. Un rôle éducatif très important est donc dévolu au kinésithérapeute qui prodigue les soins proprement dits ainsi que les conseils à suivre.

Les soins doivent être bihebdomadaires au début et s'espaceront progressivement en fonction de l'amélioration.

Naturopathie

L'alimentation joue un rôle important dans la gestion de l'acné. Suivre une diète qui favorise les légumes, le poulet et le poisson. Boire beaucoup d'eau. Éviter les fritures, tous les sucres et le chocolat. Consommer de la nourriture riche en zinc, telles les noix et les graines de soya. Faire un jeûne d'une journée une fois par mois. Boire beaucoup d'eau de source.

Voici ce que propose la naturopathie :

- Argile verte (en masque appliqué sur la peau pendant 15 minutes une ou deux fois par semaine) : Aide à contrôler le sébum.
- Feuilles de lavande, de trèfle rouge et de fraise (à utiliser pour faire des bains de vapeur).
- Acidophilus : Pour la santé du côlon et parce qu'il est très important d'éviter la constipation.
- Huiles de primerose ou de lin (1 000 mg par jour) : Aident à dissoudre les dépôts de gras.
- Complexe de vitamine B (50 mg 2 fois par jour) : Restaure la peau et stimule la circulation sanguine.
- Zinc (30 à 80 mg par jour) : Répare les tissus lésés et maintient l'équilibre des glandes productrices de sébum.

Coups de soleil

L'insolation est une brûlure légère ou importante de la peau qui survient à la suite d'une exposition prolongée au soleil et qui peut entraîner des lésions cutanées susceptibles de se cancériser. Les personnes au teint clair risquent plus d'être atteintes, en raison d'une production insuffisante de mélanine, un pigment naturel produit par l'organisme pour protéger du soleil.

L'insolation provoque un rougissement de la peau accompagné d'une sensation de chaleur intense. Elle peut parfois se compliquer d'une brûlure importante, avec formation de cloques, ainsi que de maux de tête et de nausées. À long terme, le soleil peut entraîner une perte d'élasticité de la peau, son vieillissement prématuré et l'apparition de rides. Certaines maladies, comme l'herpès et l'acné rosacée, peuvent s'aggraver sous l'effet du soleil.

Les insolations sont principalement causées par l'exposition aux rayons ultraviolets. Certains médicaments peuvent également augmenter la sensibilité cutanée et provoquer l'apparition d'une irritation cuisante ou de lésions semblables à celles de l'eczéma.

AROMATHÉRAPIE

Mélange à usage externe

Hydrolat de lavande	2 c. à table
Lavande	1 à 3 gouttes

Mettre l'hydrolat et l'huile de lavande dans 1/2 tasse d'eau à la température de la pièce (PAS froide). Imbiber un linge du mélange et appliquer sur la zone affectée. Retremper la compresse 4 ou 5 fois. Appliquer également à la tête, au visage et au cou un linge imbibé du mélange. Si la personne a froid, mettre une serviette de bain par-dessus la compresse.

Autres petits maux fréquents

HOMÉOPATHIE

Pour calmer les effets d'un coup de soleil, on prendra en alternance *Belladona* et *Apis* 9CH toutes les heures, à raison de 3 granules de chacun. L'emploi de la crème homéopathique *R 30* est également indiqué et apportera en général un soulagement immédiat de la sensation de brûlure cutanée.

NATUROPATHIE

Traitement proposé :

- Appliquer un cataplasme d'aloès pur sur la région affectée. Il existe aussi un gel d'aloès très efficace.
- Prendre un bain avec 6 tasses de tisane de camomille et 1/2 tasse d'avoine.
- Comme la déshydratation accompagne souvent les coups de soleil, boire beaucoup d'eau.
- Bêta-carotène (25 000 UI par jour) : Aide à la réparation des tissus.

Otite

L'otite est une infection ou une inflammation de l'oreille externe (pavillon et conduit auditif) ou de l'oreille moyenne (caisse du tympan). Elle n'atteint pratiquement jamais l'oreille interne. C'est une affection fréquente, en particulier chez les enfants, mais elle n'est pas contagieuse; il faut surtout se méfier du virus qui en est la cause. Il est important de la traiter rapidement car elle peut conduire à des complications très graves.

L'otite externe est une inflammation du conduit auditif entraînant de la douleur et des démangeaisons. Quant à l'otite moyenne, elle est d'abord d'origine congestive, mais elle peut devenir purulente. La douleur, très vive, irradie fréquemment vers les dents et est souvent plus marquée la nuit. L'otite moyenne peut provoquer de la fièvre et une perforation du tympan.

Les otites externes résultent de la pénétration d'un corps étranger, d'un ancien écoulement d'oreille, de soins curatifs mal tolérés (gouttes, antibiotiques, pénicilline, etc.) ou encore de bains de piscine trop fréquents. Les otites moyennes, quant à elles, découlent habituellement d'une affection streptococcique ou pneumococcique du nez et de la gorge.

Aromathérapie

Mélange n° 1, à usage externe

Eucalyptus citriodora	2 gouttes
Eucalyptus globulus	3 gouttes
Achillée millefeuille	1 goutte

Appliquer les huiles sur la peau derrière les oreilles, dans le cou ou à tout autre endroit où la douleur se fait sentir. Mettre ensuite une compresse chaude à laisser pendant 15 à 20 minutes. Répéter de 3 à 6 fois par jour.

Aussi

Mélange n° 2, à usage externe

Thym à thymol	1 goutte
Mélaleuque	1 goutte

Autres petits maux fréquents

Mettre les huiles sur une boule de coton, placer dans l'oreille. Remplacer la boule de coton chaque heure la première journée, toutes les 2 ou 3 heures la deuxième et la troisième journée, puis 3 fois par jour aussi longtemps que ce sera nécessaire.

HOMÉOPATHIE

Parmi les traitements les plus efficaces des douleurs dues aux otites, il existe des ampoules nommées *Traumeel,* formées d'un complexe de substances qui agissent rapidement. On brise l'ampoule et on en déverse la moitié dans chaque oreille. Lorsque l'otite est suppurante, il est conseillé d'ajouter la prise de *Pyrogenium* 9CH.

NATUROPATHIE

Voici le traitement proposé :

- Frottez les lobes, les bords et tout le pourtour des oreilles avec une gousse d'ail coupée. S'assurer de bien faire pénétrer le liquide qui s'en échappe, car il constitue un antibiotique naturel.
- Déposer une ou deux gouttes de jus de citron dans le creux de l'oreille ; répéter aux 6 heures.
- Déposer une ou deux gouttes d'huile de ricin tiède dans l'oreille. En imbiber une boule de coton puis l'insérer dans l'oreille. Masser avec de l'huile chaude le long du cou et derrière l'oreille.
- Ampoule *Traumeel*: Déposer les gouttes dans les oreilles.
- *Complexe d'huiles essentielles Otites/Sinus* de Pranaron.

Zona

Le zona est une maladie infectieuse causée par le virus responsable de la varicelle. En fait, 97 % des adultes qui ont eu la varicelle risquent de souffrir un jour de zona, mais le virus peut aussi demeurer à l'état latent de façon permanente. Le zona frappe surtout les jeunes et les personnes âgées, et il affecte plusieurs parties du corps, particulièrement les régions intercostale et ophtalmique. Dans la plupart des cas, on n'observe à peu près pas de récidive.

Le zona se manifeste par une sensation de brûlure parfois accompagnée d'une fièvre nocturne et de gonflement des ganglions. L'éruption, souvent très douloureuse, est formée de plaques rouges recouvertes de vésicules. Elle est unilatérale et suit le trajet des nerfs sensitifs.

La maladie se manifeste habituellement lorsque le système immunitaire est affaibli à la suite d'une maladie, d'une blessure, d'un stress ou d'une dépression. Dans ces conditions, le virus se réactive et déclenche les symptômes mentionnés précédemment.

Aromathérapie

Mélange n° 1, à usage externe

Romarin	3 gouttes
Lavande	2 gouttes
Hélichryse	2 gouttes

Diluer dans une cuillerée à thé d'huile de millepertuis et appliquer sur la zone affectée. Répéter au besoin.

Mélange n° 2, à usage externe

Hydrolat de romarin	1/2 c. à table
Hydrolat d'hélichryse	1/2 c. à table

Mélanger et appliquer en compresse sur les zones affectées après avoir appliqué les huiles essentielles du mélange n° 1.

HOMÉOPATHIE

Dans de nombreux cas, la prise en alternance de *Arsenicum album, Rhus-toxicodendron* et *Mezerum* en dilution de 9CH, pendant quelques jours, suffira à apporter une amélioration certaine. Ces 3 remèdes ainsi que quelques autres se trouvent dans le complexe *L 26* d'Homeocan. La posologie à suivre est de 10 gouttes 3 fois par jour.

NATUROPATHIE

Il faut soutenir le système immunitaire. Éviter les fritures, les agrumes, l'alcool. Il est important de prendre beaucoup de repos et d'éviter le stress.

Voici ce que propose la naturopathie :

- Tisanes de verge d'or : Antibiotique naturel.
- L-lysine (500 mg à 1 000 mg 1 fois par jour, à jeun).
- Complexe de vitamine B : Combat le virus et travaille dans le système nerveux.
- Cuivre, or et argent – oligo-éléments (1 ampoule 1 ou 2 fois par jour sous la langue).
- Vitamine E (600 UI par jour) : Aide à la guérison des tissus.
- Crème topique à base de verge d'or et de vitamine E : Aide à la cicatrisation et inhibe la croissance du virus.

Autres petits maux fréquents

Migraine

La migraine est une maladie fréquente mais sous-estimée, qui touche près de 12 % de la population globale. En général, la douleur n'affecte qu'un seul côté de la tête; elle est souvent précédée d'hypersensibilité et peut parfois être accompagnée de nausées et de vomissements. Si certaines migraines sont bénignes, d'autres sont beaucoup plus graves. Sa symptomatologie varie beaucoup d'une personne à l'autre et elle frappe généralement les membres d'une même famille, plus souvent les femmes que les hommes. Les crises sont souvent récurrentes et fortement handicapantes.

La migraine simple est souvent annoncée par de l'irritabilité, des troubles digestifs et de la fatigue. Puis s'installent la douleur, les nausées et parfois même les vomissements. Le bruit et la lumière contribuent à aggraver ces symptômes, qui peuvent durer de quelques heures à un ou deux jours. La migraine ophtalmique est précédée de troubles visuels qui disparaissent quand survient la céphalée unilatérale.

Il est difficile de cibler les facteurs qui favorisent l'apparition des migraines. On soupçonne que les allergies alimentaires, les règles chez la femme ou même le profil psychologique du migraineux peuvent jouer un rôle dans le déclenchement des symptômes. Enfin, elle est souvent associée à l'asthme, à la goutte, à l'urticaire et à l'eczéma.

Aromathérapie

Mélange à usage externe

Menthe poivrée	7 gouttes
Lavande	3 gouttes

Mélanger et appliquer sur le cou, le front et le cuir chevelu dès que se manifeste le début de la migraine. Se coucher et se reposer. Répéter après 15 minutes.

Homéopathie

Bien qu'il soit important de consulter un homéopathe pour avoir une guérison définitive de ses migraines, la prise en alternance des complexes *Reckeweg 81* et *L 72* d'Homeocan

apportera en général un soulagement important. Chacun des complexes devrait être pris en alternance, aux heures.

Kinésithérapie

Dans certains cas, la kinésithérapie sera grandement bénéfique.

En luttant contre des contractures réflexes installées depuis parfois très longtemps (myospasmes traumatiques) principalement dans la région cervicale haute, on peut à plus ou moins long terme augmenter la dynamique de la colonne cervicale. De plus, le massage facial et du cuir chevelu associé à des mobilisations spécifiques et à des postures douces stimuleront la vasodilatation locale et lutteront contre les raideurs localisées.

Massothérapie

L'origine de la migraine peut être très variée. Tout dépend de l'endroit où elle se manifeste. Par exemple une migraine de type frontal est souvent associée à des problèmes digestifs, voire à des problèmes du foie.

En massage, le thérapeute peut intervenir surtout sur la migraine qui prend son origine au cou, qui monte derrière le cervelet pour se terminer soit dans un œil ou, pire, dans les deux. L'intervention du massothérapeute consiste à dégager, décontracter les muscles du cou et par la suite à effectuer un massage du dos et des épaules pour poursuivre au périoste crânien et au visage. La détente qui s'ensuit procure habituellement tout un soulagement.

Naturopathie

Voici le traitement proposé :

- Prendre des tisanes de camomille et de passiflore afin de calmer le système nerveux.
- Calcium et magnésium (1 500 mg par jour) : Aide à alléger la tension musculaire.
- Appliquer des compresses d'eau froide sur les régions douloureuses toutes les 10 minutes.
- Lithium – oligoélément (1 ampoule sous la langue 1 fois par jour) : Administrer à jeun.

Autres petits maux fréquents

Pellicules

Des cellules mortes se détachent constamment de notre peau, mais à cause de la présence des cheveux, celles du cuir chevelu s'accumulent et forment des pellicules. Cette desquamation apparaît en général au moment de la puberté et s'intensifie au début de la vingtaine. Les pellicules peuvent être sèches ou fines, grasses ou épaisses. Normalement, le cuir chevelu se renouvelle tous les mois, mais chez certains, ce processus a lieu toutes les deux semaines, ce qui aggrave leur problème de pellicules. Néanmoins, il s'agit d'une affection bénigne, quoique embarrassante.

Les pellicules sèches entraînent peu ou pas de démangeaisons, contrairement aux pellicules grasses, qui se déposent surtout derrière les oreilles, à la lisière du cuir chevelu et aux abords du front.

Les pellicules sont le fait d'un champignon appelé *pityrosporum ovale*. Ce champignon, qui affectionne les graisses, se trouve généralement dans le cuir chevelu en faibles colonies. Certains facteurs, comme une forte séborrhée ou un état immunitaire fragile ou défaillant, stimulent sa prolifération qui devient vite excessive.

AROMATHÉRAPIE

Mélange nº 1, à usage externe

Hydrolat de romarin	1/4 c. à table
Hydrolat de thym à thymol	1/4 c. à table
Romarin	2 gouttes

Mélanger tous les ingrédients et masser le cuir chevelu avec le mélange 2 fois par jour. Sécher et coiffer les cheveux comme d'habitude.

Mélange nº 2, à usage externe

Shampoing	500 ml
Mélaleuque	30 gouttes
Lavandin	30 gouttes
Hydrolat de sauge	5 c. à table
Vinaigre de cidre	5 c. à table

Incorporer les quatre derniers ingrédients aux 500 ml de shampoing et utiliser comme un shampoing ordinaire.

HOMÉOPATHIE

Lorsque les pellicules surviennent chez un gros mangeur affectionnant les mets gras et sucrés, la prise de *Sulfur* 9CH est appropriée. On pourra en prendre jusqu'à trois fois par jour pendant une semaine. Il n'est pas contre-indiqué non plus de revoir son régime !

NATUROPATHIE

Voici le traitement proposé :

- Faire des massages d'huile de vitamine E, de calendule et d'huile d'amande douce avant le shampoing.
- Mélanger 8 c. à table d'huile d'arachide avec le jus de 1/2 citron. Appliquer sur le cuir chevelu et laisser agir pendant 10 minutes.
- Rincer au vinaigre et à l'eau à la fin du shampooing (1/4 t. de vinaigre pour 1 litre d'eau).

Oreillons

Les oreillons sont une maladie infectieuse causée par un virus extrêmement contagieux qui affecte en général les enfants, les adolescents et les jeunes adultes. Sa période d'incubation dure entre 17 et 28 jours et elle procure une immunité permanente. Le virus peut atteindre les glandes génitales et provoquer une ovarite chez les femmes et une orchite (atteinte testiculaire) chez les hommes. Mais cela n'entraîne que très rarement la stérilité.

On reconnaît facilement les oreillons par le gonflement des glandes parotides (sous les oreilles). D'habitude, le malade fait un peu de fièvre, souffre de maux de tête et de dysphagie (difficulté à avaler). Les oreillons sont une maladie bénigne qui se guérit spontanément en quelques jours. Un problème de surdité peut, dans de très rares cas, se déclarer.

La transmission du virus peut se faire par contact direct avec les sécrétions provenant de la bouche ou du nez de la personne infectée. On observe que les oreillons surviennent plus fréquemment en hiver et au printemps.

AROMATHÉRAPIE

Mélange nº 1, à usage externe

Laurier	4 gouttes
Palmarosa	2 gouttes
Eucalyptus citriodora	4 gouttes
Menthe poivrée	1 goutte
Huile de noix de coco	1/2 c. à table

Faire chauffer l'huile de noix de coco jusqu'à ce qu'elle se liquéfie, y ajouter les huiles. Faire pénétrer en frottant la gorge, le dessous des mâchoires et la poitrine juste au-dessous des clavicules. Frotter aussi le dedans du coude et les cuisses pour soulager les ganglions lymphatiques. Répéter 3 fois par jour. Si la personne fait beaucoup de température, ajouter 5 gouttes du mélange et 1 tasse de vinaigre de cidre à un bain tiède.

Mélange n° 2, à usage interne

Hydrolat de laurier	4 c. à table
Hydrolat d'eucalyptus	1 c. à table
Miel d'acacia ou de manuka	4 c. à table

Mélanger les hydrolats et le miel. Prendre une cuillerée à table du mélange chaque heure.

HOMÉOPATHIE

Consulter son homéopathe.

NATUROPATHIE

Voici le traitement proposé :

- Prendre des tisanes d'échinacée afin de réduire l'inflammation et de purifier le système lymphatique.
- Boire beaucoup de liquide.
- Vitamine C (500 mg toutes les 2 heures, jusqu'à 6 000 mg par jour) : Détruit le virus.
- Tisane de pissenlit : Aide à nettoyer le foie.
- Pastille de zinc (15 mg à 25mg 2 fois par jour) : Stimule le système immunitaire.
- Prendre beaucoup de repos et éviter le stress.
- Éviter les agrumes, car ils stimulent les glandes parotides.

Psoriasis

Le psoriasis est une affection de la peau fréquente et chronique qui affecte environ 2 % de la population. L'élément fondamental de tous les types de psoriasis est une augmentation de la vitesse de multiplication des cellules de l'épiderme, les kératinocytes. Le psoriasis n'est ni grave ni contagieux, mais il s'accompagne parfois d'une maladie inflammatoire, le rhumatisme psoriasique. Il apparaît le plus souvent durant l'enfance et au début de l'âge adulte. À noter qu'il ne conduit jamais au cancer de la peau.

Le psoriasis est caractérisé par des plaques cutanées rouges plus ou moins étendues, recouvertes de squames sèches, argentées, friables, et qui siègent le plus souvent sur le cuir chevelu, le tronc, les coudes, les genoux et le bas du dos.

Même si les véritables causes du psoriasis sont toujours inconnues, il semble que l'hérédité joue un rôle important dans le développement de la maladie. Malgré certaines rumeurs, le stress ne serait pas responsable du psoriasis, bien qu'il puisse contribuer à l'aggraver ou à le prolonger, tout comme l'obésité et certains médicaments.

Aromathérapie

Mélange nº 1, à usage externe

Hydrolat d'achillée millefeuille	2 c. à table
Hydrolat d'hamamélis	2 c. à table
Camomille allemande	1 c. à table

Vaporiser régulièrement la zone affectée et enchaîner avec le mélange nº 2.

Mélange nº 2, à usage externe

Benjoin	5 gouttes
Achillée millefeuille	5 gouttes
Lavandin	10 gouttes
Menthe à épis	5 gouttes
Huile de noix de coco	1 c. à table
Huile de jojoba	1/2 c. à table

Appliquer le mélange sur la peau après l'avoir vaporisée avec le mélange d'hydrolats. Répéter au besoin.

Homéopathie

Bien que le psoriasis ait souvent la réputation d'être incurable, dans de nombreux cas ce problème de peau a disparu après la prise du complexe *Reckeweg 65* à raison de 10 gouttes 3 fois par jour. Ce traitement peut durer 3 semaines. On diminuera les prises avec l'amélioration de la condition.

Naturopathie

Voici le traitement proposé :

- Adopter une diète composée à 50 % de légumes frais. Manger beaucoup de fibres.
- Huiles de lin ou de primerose : Aident à diminuer l'inflammation et les rougeurs.
- Verge d'or (en compresses sur les régions affectées) : Pour diminuer les rougeurs.
- Vitamine E (400 UI 2 fois par jour) : Neutralise les radicaux libres et aide à la réparation des tissus.
- Complexe de vitamine B (50 mg 2 fois par jour) : Nécessaire à l'homéostasie du système nerveux.
- Sélénium – oligoélément (1 ou 2 doses par jour pendant 15 jours).
- Bêta-carotène (10 000 UI par jour) : Nécessaire à la réparation cellulaire de la peau.

Anxiété et panique

L'anxiété est une inquiétude ou une crainte parfois intense liée à l'attente d'un danger imprécis et mal définissable. Elle se manifeste par une réaction totalement disproportionnée à la gravité de la menace, qu'elle soit réelle ou imaginaire. L'attaque de panique est une autre forme d'anxiété qui peut durer de 20 à 30 minutes. À cause des symptômes physiques et psychiques qu'elles déclenchent, on confond souvent les attaques de panique avec les crises cardiaques. Non traitées, elles peuvent dégénérer en phobies.

Les symptômes sont nombreux et peuvent aggraver le sentiment d'angoisse : sensation d'étouffement, douleur thoracique, palpitations, pâleur, pouls rapide, étourdissements ou impression d'évanouissement, essoufflement, transpiration, tremblements, nausées, vomissements, diarrhée, sensation d'engourdissement dans les mains ou les pieds, bouffées de chaleur, sentiment de terreur et d'irréalité, crainte de perdre le contrôle, de commettre un geste embarrassant, de mourir.

Une crise d'anxiété peut être déclenchée par un déséquilibre chimique de l'organisme, des souvenirs inconscients, une maladie ou l'absorption de certains médicaments. Elle peut aussi survenir à la suite d'un stress très violent. La plupart des symptômes sont la conséquence d'une hyperventilation – dans les cas d'anxiété, l'organisme réagit par une accélération de la respiration, qui devient aussi plus superficielle.

Aromathérapie

Mélange nº 1, à usage interne

Hydrolat de néroli	30 ml
Hydrolat de mélisse	10 ml

Ajouter les hydrolats à 1 litre d'eau et boire au cours de la journée. Répéter quotidiennement pendant 3 semaines ou au besoin. Vous pouvez aussi mettre ces hydrolats dans une bouteille avec vaporisateur et vous faire une brume pour le visage à utiliser à votre guise.

Mélange nº 2, à usage externe

Lavande	5 gouttes
Camomille romaine	2 gouttes

Mélanger les huiles et appliquer une goutte de chaque côté du cou, sur le plexus solaire, les poignets, la colonne vertébrale et le dessus des pieds. Répéter 2 fois par jour.

Homéopathie

En état de crise, on prend *Aconit* 30CH, 3 granules toutes les 10 minutes. Attention, on ne doit pas prendre la prescription plus de 3 fois. Cependant, lorsque la crise survient chez un enfant la nuit, dans les cas de terreur nocturne, le remède indiqué est *Stramonium* qu'on donnera alors aux 10 minutes en 9CH.

Kinésithérapie

En cas de trouble mineur, le massage bien conduit et accompagné de micro-mobilisations selon un mode doux mais stimulant aura pour effet de dynamiser positivement le patient et de le replacer dans une entité corporelle agréable. Le traitement doit très vite déboucher sur une interaction thérapeute-patient. La respiration dirigée et les micro-contractions permettront de provoquer chez le patient une réponse active consciente et volontaire.

Massothérapie

Le massothérapeute pourra, dans les cas d'anxiété, procéder à diverses techniques de détente.

Naturopathie

Adopter une diète libre de tout sucre et de levure. Éviter la caféine. Pratiquer tous les jours 10 minutes de respiration profonde.

Voici le traitement que propose la naturopathie :

- *Rescue Remedy* de Bach (10 gouttes 3 ou 4 fois par jour) : Allège l'anxiété.
- Extrait de passiflore (2 ou 3 capsules de 250 mg, *ou* plusieurs tisanes par jour).
- Millepertuis (100 mg 2 ou 3 fois par jour) : Calmant et antidépresseur.
- Calcium et magnésium (2 000 mg par jour) : Cette combinaison constitue un relaxant naturel.
- Complexe de vitamine B (50 mg 2 fois par jour).
- *Tad+* de Genestra : Apporte sa contribution à l'importante tâche de soutenir les glandes surrénales.

Autres petits maux fréquents

Insomnie

L'insomnie est la perte ou la diminution marquée du sommeil nocturne. Cette affection très répandue se distingue en deux grandes catégories: l'insomnie totale et l'insomnie partielle. Si manquer de sommeil à l'occasion n'est pas très dommageable, une période prolongée d'insomnie peut avoir des conséquences fâcheuses. L'organisme a en effet besoin de repos pour refaire ses forces physiques et psychiques, et l'insomniaque chronique sera moins résistant aux maladies et récupérera moins rapidement, par exemple à la suite d'un accident.

Dans le cas de l'insomnie totale, la personne n'arrive pas à s'endormir et passe la nuit à s'agiter et à se retourner. Dans l'insomnie partielle, elle bénéficie d'une période de sommeil soit au début, soit à la fin de la nuit. Enfin, il existe un type intermédiaire d'insomnie caractérisé par des alternances de sommeil et de veille au cours de la même nuit. La recherche de sommeil pendant plus de 30 minutes et la sensation de n'avoir pas vraiment récupéré durant la nuit sont des symptômes à ne pas négliger.

Les causes de l'insomnie peuvent être multiples. Des changements d'habitudes ou de nouvelles conditions de travail peuvent déclencher des perturbations du sommeil. À cela s'ajoutent les facteurs héréditaires ainsi que l'abus de café, d'alcool, de tabac et de médicaments. Certaines maladies physiques comme les troubles respiratoires, les douleurs chroniques, les aigreurs d'estomac et le diabète peuvent entraîner des périodes d'insomnie.

Aromathérapie

Mélange tout usage

Mandarine rouge	5 gouttes
Orange Petit grain	3 gouttes
Lavande	2 gouttes

Une heure avant le coucher, appliquer 6 gouttes du mélange sur le cou, les poignets, les pieds et la colonne vertébrale ou ajouter à 1/4 de tasse de lait dans un bain chaud. Prendre une goutte du mélange sous la langue toutes les 15 minutes, 4 fois.

Homéopathie

De très bons résultats sont prévisibles en conjuguant l'action du complexe *Nervopax* (dont on prendra matin et soir 2 com-

primés) avec celle du *Bio-Mag* (2 comprimés le soir avant de se coucher). En 2 semaines, une amélioration importante devrait se manifester. Sinon, il faut aller consulter son homéopathe.

Kinésithérapie

Le massage conjugué à des techniques simples de relaxation (respiration diaphragmatique, micro-mobilisations, contracté-relâché *a minima*) faciliteront dans certains cas un retour au calme. Il est à remarquer que certaines zones (mains, pieds, visage et cuir chevelu) auront un pouvoir relaxant plus fort que d'autres. Le but ultime de ces séances sera d'éduquer le patient à intégrer ces techniques afin d'assurer une autogestion du stress.

Massothérapie

Encore une belle occasion pour les massothérapeutes de différentes formations (amma, shiatsu, californien, suédois et autres) de démontrer leur savoir-faire ! Il y a, bien entendu, plusieurs causes à l'insomnie. En trouvant la cause, on règle généralement le problème, mais en attendant, la relaxation demeure un très bon moyen d'alléger les inconvénients reliés aux insomnies. Une multitude de soins de détente sont offerts dans les différents centres de santé, spas, cliniques de massothérapie et autres.

Naturopathie

Éviter la caféine, l'alcool et toute forme de stimulant. Éviter de manger avant le coucher.

Voici le traitement proposé :

- Boire des tisanes de camomille, de passiflore et de valériane avant le coucher.
- Calcium et magnésium (1 500 mg après le souper, en doses fractionnées) : Sédatif naturel.
- Extrait de racine de valériane (200 mg à 300 mg 1/2 heure avant le coucher).
- *Calmherbe* de Souris verte : Complexe d'herbes qui fournit un soutien au système nerveux.
- *Juvena* de Herba Santé : Complexe homéopathique anti-âge qui travaille à la régulation hormonale ; apporte un sommeil réparateur et profond.

Autres petits maux fréquents

Obésité

L'obésité est une maladie réelle qui, en raison de ses multiples complications, réduit de beaucoup la durée de la vie. Elle se caractérise par un excès de poids et une modification de la morphologie du sujet. L'obésité est le principal problème de nutrition en Occident et touche près d'un Nord-Américain sur quatre. On considère qu'il y a obésité à partir du moment où la masse adipeuse dépasse 25 % du poids corporel chez l'homme, et 30 % chez la femme (qui présente normalement un pourcentage de gras plus élevé).

Chez l'homme, la graisse a plutôt tendance à s'accumuler dans la partie supérieure du corps, à la nuque, aux épaules et au ventre. Chez la femme l'accumulation des graisses prédomine aux hanches, aux cuisses et à la ceinture pelvienne. L'excès de tissus adipeux, souvent associé à de l'hypertension artérielle, provoque un surcroît d'effort pour le muscle cardiaque. De plus, il peut conduire au diabète.

La première cause de l'obésité est bien évidemment la suralimentation, mais il ne faut pas négliger l'aspect qualitatif de l'apport alimentaire. En effet, une alimentation riche en graisses et en glucides se transformera dans l'organisme en surcharge pondérale. Des facteurs neurologiques et endocriniens peuvent également être à l'origine de l'obésité, mais il est très rare qu'elle soit liée à une véritable maladie hormonale ou biochimique nécessitant un traitement particulier. Certaines insuffisances thyroïdiennes, tout comme la ménopause, peuvent également entraîner l'apparition de l'obésité.

Aromathérapie

Mélange n° 1, à usage interne

Hydrolat de sauge	30 ml
Hydrolat de mousse du Groenland	10 ml
Pamplemousse	1 goutte

Ajouter le mélange à 1 litre d'eau et boire au cours de la journée, chaque jour pendant 3 semaines. Arrêter une semaine, puis recommencer. Ne pas utiliser l'hydrolat de sauge si vous souffrez d'hypertension.

Mélange n° 2 tout usage

Orange douce	2 gouttes
Pamplemousse	2 gouttes
Citron	2 gouttes

Prendre une goutte du mélange sous la langue chaque fois que vous avez faim et aussi avant chaque repas.

Homéopathie

Deux complexes peuvent amener une réduction de poids significative en l'espace d'un ou de deux mois. Il s'agit du complexe *L 111* d'Homeocan, qu'on aura soin de prendre 3 fois par jour avec un produit nommé *Dépuratum* qui se chargera de la « désintoxication ». Dans les cas chroniques, la consultation d'un homéopathe est nécessaire.

Kinésithérapie

La kinésithérapie, en associant aux manœuvres de massage (drainage, massage défibrosant, réveil neuromusculaire, etc.) une éducation et une reprise progressive des activités physiques, permettra, en parallèle avec d'autres thérapies complémentaires, de faciliter le cheminement long et souvent difficile entrepris par les personnes souffrant d'obésité.

Massothérapie

L'obésité amène aux muscles et aux articulations beaucoup de tensions dues à la surcharge pondérale. Le massage suédois soulage les tensions et, de plus, apporte une détente et un bien-être réels. La circulation sanguine des gens souffrant d'obésité est souvent plus lente que chez les personnes de poids normal, à cause justement du surplus de poids. Le massage favorise la circulation sanguine. Un massage vigoureux est donc tout à fait indiqué.

Naturopathie

L'alimentation et la régularité des repas jouent ici un grand rôle. Proscrire les diètes « famine » et éviter de sauter des repas. Privilégier les légumes frais, le poulet et le poisson. Prendre chaque jour un repas à base de légumes frais. Boire beaucoup d'eau. Éviter les sucres, les fritures et les gras. Adopter un programme d'exercice régulier.

Voici le traitement proposé :

- Tisane de thé vert : Aide à stimuler le métabolisme des gras.
- Anis : Aide à éliminer les gras dans l'intestin et à contrôler l'appétit.

Perte de cheveux

Normalement, une personne perd entre 50 et 100 cheveux par jour. La situation devient anormale si les cheveux tombent de façon diffuse, brutale, chronique ou par plaques. La perte peut être partielle ou généralisée. Si la chute est due à une cause temporaire, il ne faut pas s'inquiéter car les cheveux, heureusement, repousseront. Toutefois, certaines chutes chroniques qui ne sont pas soignées peuvent mener à la calvitie chez l'homme et à une chevelure nettement dégarnie chez la femme. Ce phénomène peut se produire aussi bien chez l'enfant que chez l'adulte.

La chute des cheveux peut provoquer un éclaircissement de la chevelure ou l'apparition de plaques rondes dégarnies. Les cheveux tombent parfois par touffes ou de façon plus diffuse. Le problème peut être périodique ou constant. Il peut y avoir des périodes d'accalmie et de repousse.

La perte de cheveux peut survenir à la suite d'un accouchement, d'une intervention chirurgicale, d'une forte fièvre ou d'un choc émotionnel. Elle peut faire suite à la prise de certains médicaments ou à l'utilisation abusive de permanentes et de décolorants. Un régime trop sévère, une carence en fer et une dysfonction thyroïdienne peuvent aussi en être la cause. Certaines affections du cuir chevelu comme la pelade et l'alopécie, des maladies provoquées par un champignon, sont également responsables de la chute des cheveux.

AROMATHÉRAPIE

Mélange externe

Hydrolat de romarin	1 c. à table
Romarin	3 gouttes
Palmarosa	1 goutte

Bien mélanger les huiles avec l'hydrolat, verser dans les cheveux après les avoir lavés et revitalisés. Ne pas rincer. Le mélange peut être utilisé entre les shampoings sur des cheveux secs.

Autres petits maux fréquents

HOMÉOPATHIE

Dans les cas où la perte de cheveux n'est pas trop avancée, l'utilisation du complexe *Reckeweg 89,* à raison de 20 gouttes 3 fois par jour, donne d'excellents résultats. Il n'en demeure pas moins que, dans bien des cas, la révision de son régime peut s'avérer nécessaire. Attention : si le traitement n'a donné aucun résultat après 2 mois, il faut arrêter et consulter son homéopathe.

KINÉSITHÉRAPIE

Par le massage, on cherchera à stimuler les échanges nutritifs et à tonifier les tissus responsables de la repousse capillaire. Des manœuvres de massage-mobilisation de la région cervicale favoriseront, par la détente des muscles périphériques, la prise de contact avec cette région corporelle du patient, souvent source de gêne et d'inquiétude.

NATUROPATHIE

Éviter la caféine. Celle-ci inhibe l'absorption d'inositol nécessaire au maintien des cheveux.

Voici le traitement proposé :

- Huile de vitamine E (en massage une fois par semaine).
- Inositol (200 mg 2 fois par jour) : Stimule la pousse des cheveux.
- Complexe de vitamine B (50 mg 2 fois par jour) : Protège le système nerveux.
- Cuivre – oligoélément (1 ampoule par jour).
- Silice – oligoélément (1 ampoule par jour) : Nécessaire au maintien d'une chevelure en santé.
- Extrait de thymus : Stimule le système immunitaire et les fonctions glandulaires.

Les bonnes adresses

Médecines douces

(information générale)

Réseau Protéus
(Grand site portail qui s'adresse à toute la francophonie. Une mine insondable d'informations utiles !)
www.reseauproteus.net

Alternative santé
www.alternativesante.com

Bottin santé
www.bottin-sante.org

Médecines douces
(site bien construit et très complet sur la question)
http://www.medecines-douces.com/

Service Vie
www.servicevie.com

Aromathérapie

Aromathérapie
(site d'intérêt général sur le sujet)
http://aromatherapie.multimania .com/

Aqua-Vita
85 Arundel ave
Toronto (On)
M4K 3A3
Tél. : (416) 405-8855

(site de Suzanne Catty, aromathérapeute et auteure)
http://www.acqua-vita.com/

Lien intéressant vers des informations sur les huiles essentielles
http://www.feminin.ch/Sante/Aroma/aromatherapie.htm

Homéopathie

Centre de Techniques Homéopathiques
Centre de formation
910 rue Bélanger, suite 214
Montréal (Qc)
Tél. : (514) 277-1007

Clinique CEMA Santé
Cllinique homéopathique
910 rue Bélanger, suite 204
Montréal (Qc)
Tél. : (514) 277-6820

Institut International de Recherches en Homéopathies et en Biothérapies
6821 rue Saint-Denis
Montréal (Qc))
Tél. : (514) 271-4022
http://www.iirhb.org/

Laboratoires Boiron
(Fabricant de produits homéopathiques)
http://www.boiron.ca/

816 rue Guimond,
Longueuil (Qc)
Tél. : (450) 442-2066

Laboratoire Homéocan
(Fabricant de produits homéopathiques)

3025 boul. l'Assomption
Montréal (Qc)
Tél. : (514) 256-6303
http://www.homeocan.ca/

Planète Homéo
(site français sur l'homéopathie)
http://planete-homeo.org/

Kinésithérapie

Association professionnelle des orthothérapeutes de la province de Québec
www.microtec.net/apopq

Kino-Québec
(site consacré à l'activité physique)
www.kino-quebec.qc.ca

Association méziériste internationale de kinésithérapie
http://www.multimania.com/amik/

Massothérapie

Association des massothérapeutes professionnels du Québec
http://www.ampq.qc.ca/

5967 Jean-Talon E., suite 200
Saint-Léonard (Qc)
H1S 1N5
Tél. : (514) 727-5444

Fédération québécoise des massothérapeutes
http://www.fqm.qc.ca/

1265 Mont-Royal E.
Montréal (Qc)
H2J 1Y4
Tél. : (514) 597-0505
1-800-363-9609

Naturopathie

Collège canadien des naturopathes
(Cours par correspondance)
Homéopathie-Naturopathie
1801 Sherbrooke est
Montréal (Qc)
Tél. : (514) 528-5300

Portail du Collège des Naturopathes du Québec
http://www.naturopathie.org

Informations sur la formation, sur la profession et sur la prévention en naturopathie

Association des diplômés en naturopathie du Québec
http://www.adnq.qc.ca/

Index